中学体育课堂有效互动的理论与实证研究

王春霞 著

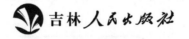

吉林人民出版社

图书在版编目（CIP）数据

中学体育课堂有效互动的理论与实证研究 / 王春霞
著. -- 长春：吉林人民出版社, 2022.8
ISBN 978-7-206-19396-5

Ⅰ. ①中… Ⅱ. ①王… Ⅲ. ①体育课－课堂教学－教
学研究－中学 Ⅳ. ①G633.962

中国版本图书馆 CIP 数据核字(2022)第 175870 号

中学体育课堂有效互动的理论与实证研究
ZHONGXUE TIYU KETANG YOUXIAO HUDONG DE LILUN YU SHIZHENG YANJIU

著　　者：王春霞
责任编辑：孙　一　　　　　　　　封面设计：怀兴文化
出版发行：吉林人民出版社（长春市人民大街 7548 号　邮政编码：130022）
印　　刷：长春市华远印务有限公司
开　　本：710mm × 1000mm　　　　1/16
印　　张：6.25　　　　　　　　　　字　　数：120 千字
标准书号：ISBN 978-7-206-19396-5
版　　次：2023 年 3 月第 1 版　　　印　　次：2023 年 3 月第 1 次印刷
定　　价：48.00 元

作者简介

　　王春霞，女，硕士，中共党员，啦啦操国家级裁判员，1972年出生于吉林省吉林市，现任教于长春外国语学校。吉林省体育学科带头人、东北师范大学特聘硕士生导师、"国家级骨干体育教师培训"及吉林省体育学科国培主讲教师、吉林省普通高中新课程实验专家组专家、长春市体育学科兼职教研员、基础教育课程改革工作"骨干教师"、学生发展指导师（高级）、心理危机干预师（高级）。

　　近年来先后在《中国学校体育》《文体用品与科技》《新课程》《体育名师的教学智慧》《高中新课程课堂教学设计》《青少年球类运动技巧－足球》等国家级、省级以上刊物发表学术论文10篇，主编或参与教材、教辅用书编写9本，主持并参与国家、省、市级科研课题研究6项。在国家教育部体育卫生与艺术教育司和中国教育学会体育专业委员会举办的"中小学体育教学观摩展示课"评比中荣获一等奖；执教的《舞蹈的基本步伐－波尔卡》在东三省第三届中小学体育（与健康）教学研讨会上，荣获一等奖；多次获得省、市级教学比赛和教师基本功技能大赛一等奖。指导学校啦啦操社团和俱乐部参加全国、省、市级比赛，共夺得冠军20次，亚军8次。

前　言

　　中学阶段对于学生们的身体发育和心理健康而言都是非常关键的，如果在这一阶段人们的身体和心理没有得到很好的锻炼和保护，他们未来的成长之路就会走得比其他人更加坎坷。因此现阶段，社会要求中学体育教育从应试教育转变为素质教育这件事实际上已经成为大势所趋。实践已经证明，传统的、只强调教师对教学重要性的教学方式并不能像人们需要的那样，通过体育教育提高学生们的综合素质。将教师与同学看成是平等的教学主体，强调师生互动以及生生互动的重要性的互动教学模式对于中学体育教育从应试教育转变为素质教育是极为有利的，它不仅能够调动学生们学习的积极性，还能够培养学生们独立思考独立解决问题的能力，并且能降低学生们的心理压力。与其他教学模式相比，互动教学模式有优势，因此不少中学体育教师开始尝试在授课的过程中使用互动式教学模式，然而，与传统的教学模式相比，互动式教学模式问世的时间相对较短且教师们对其还缺乏必要的了解，正是因为这个缘故，许多教师虽然有心发挥互动式教学模式这种新型教学模式对于中学体育教育成效的促进效果，却经常弄巧成拙事倍功半。

　　本书详细介绍了互动式教学模式的特色、提高中学体育互动效率的方式方法、支撑互动教学模式应用于中学体育教育的多种理论基础、针对中学体育教育互动式教学制定的评价体系等一系列的内容。这些内容能够对互动式教学模式在中学体育课上的开展产生一定的积极作用。本书特别适合中学体育教师阅读，除此之外，负责向其他阶段的学生授课的教师以及教育爱好者们可能从本书中得到一定的收获。

由于本人水平有限，在撰写本书时难免会存在疏漏之处，如果读者在阅读过程中发现不妥之处希望能不吝赐教。

目　录

第一章 互动教学模式及其教学方法简述

在过去很长一段时间里，学校开展体育教育的目的都是让学生掌握必要的运动技能，在结业时的体育测试中取得良好的成绩。而随着人们生活压力和工作压力的增加，这一教学目标已经变得不合时宜，社会要求体育教育起到促进学生综合素质的作用，而事实已经证明，传统的教学模式并不利于这一教学目标的实现，反而是与传统教学模式相比问世较晚的互动教学模式更能促进学生们的全面发展，且调查结果显示，互动教学模式之所以比传统教学更有利于学生综合素质的提升，是因为互动教学模式中包含的教学理论与教学方式更有利于学生学习积极性和学习自主性的提升。奋战在教育一线的教师们必须充分了解互动教学模式的特点、互动教学模式所提倡的案例教学法、情景教学法以及提问式教学法等，从而确保教育的实用性和科学性。需要特别强调的是，在互动的过程中，教师与学生不可能永远心意相通配合无间，在互动交流的过程中他们很有可能因为观念不同而出现冲突，教师们必须掌握解决这些冲突的科学办法才能发挥互动教学模式应有的功效。

第一节 互动教学模式的特异性探究

一、互动式教学方法的基本形式和特点

互动式教学方法是从西方国家传入我国的一种新型教学方法，该教学方法以人才的社会适应性为出发点，强调教学手段的改良和教学效果的提

升。这种特色化、个性化的教学方式，冲击了固有的以教师为核心的课堂观念，将学生从被动学习者转变为主动参与者，是一种典型的互动式教学方式。这也是互动式教学法所具有的最主要教学方案。

互动式教学的形式是多样的，常见的有：

（一）案例分析

顾名思义，案例分析指的是利用曾真实发生过的、与所学知识相关的内容，帮助学生们了解需要掌握的专业知识。需要强调的是，在使用这种方法提高学生理论水平的过程中，教师往往不会像从前那样直接将案例中隐含的理论知识透露给学生，而是要求学生们通过案例个人了解以及同学之间的探讨自行总结案例中包含的精华及要点，老师们则主要负责利用针对性的问题引导学生们抓住重点开阔思路。与传统的灌入式教学方式相比，这种教学方式更能对学生们产生启发，对于学生们举一反三触类旁通是极为有利的。可以毫不夸张地说，使用案例法对相关的理论知识进行讲解比照本宣科要有效的多，这正是人们逐步使用案例分析法代替照本宣科的根本原因。

（二）情景模拟

所谓的情境模拟法顾名思义就是设置一个与所学内容相关的情境，让学生们得以身临其境，拉近学生与诸多实际问题的距离，让他们都能全身心地投入到问题的解答和分析中去，这种方法的优势主要体现在两个方面：一方面教师可以利用情境模拟法深入了解学生们在实践中存在的短板，而后根据这些短板采取针对性的教育方式来训练学生的实践能力；另外一方面学生能够通过情境模拟切实了解到自己所学的知识在实践活动中的应用方向，进而针对性地对自己的能力展开提升。

（三）小组讨论

这类活动包括两个方面：①小组讨论，所谓的小组讨论指的是学生根据自己的主观意愿与小组成员进行思维发散，此环节不仅能提升学生参与教学互动的主动性，还能锻炼他们交流的能力。②结构化练习，所谓的结构化练习实际上是根据一定的标准将学生分成数个不同的学习小组，而后再让不同学习小组的学生根据已经定好的互动流程进行互动，显而易见，与小组讨论这一环节相比，结构化练习的学生自主性较弱，但与之相对的是，在该环节学生们的学习效率也会赢得大幅度的提升。故而我们说，结构化练习也是小组互动环节不可缺失的一个重要步骤，有些教师在安排自主讨论的相关事项时将所有的课堂时间都用在学生的自主交流上，此种做法对于学生学习效率的提高实际上是极为不利的。

（四）提问式教学

这种方法又称苏格拉底式教学方法，这种教学方法指的是教师根据所传授知识不断对学生们提出相关问题，使得学生们对自己所学的知识展开深入的思考，这种提问式教学方式一方面能帮助老师们深入了解学生的情况，一方面能对学生的思路有所启迪，让他们能从多个角度思考知识、分析知识，进而深入地掌握需要自身掌握的知识。

二、互动式教学法的特点

第一，在互动式教学中，学生可掌握学习的主动权，不断提升自己自主学习的能力和意识，而教师则由课堂的主宰者转变成了学生们的引导者和辅助者，这是互动式教学法与传统教学方式非常重要的不同。

第二，互动式教学方法注重教学相长，强调师生应该平等相处，在知识领域当中处在相同的地位上，这一教学理念的施行凸显了学生在课堂上的主体地位，对学生成为教学过程中的参与者是极为有利的，故此我们说，这也是互动式教学法所具有的一个非常鲜明的特点。

第三，互动式教学有利于学生们形成正确的价值观念，在互动式教学过程中，学生们会以案例作为研究讨论对象，而这些案例实际上都是真实发生过的，能产生一定的、真实的社会影响，而这些社会影响或多或少会给学生们带来一定的触动，而围绕这种触动展开的师生与生生之间的交流对学生们树立正确的人生观和价值观具有非常重要的现实意义。

三、互动式教学方法在实际操作中要注意的问题

互动式教学模式是一个新型的教学模式，该教学模式的启用涉及多个方面的问题，因此要想使该互动模式发挥出自己独有的效果，教师们不仅要根据互动式教学模式的要求为学生提供充足的硬性设备，还要遵守以下两个必须遵循的互动原则。

第一，确保互动式教学方法有利于学生们学习课堂内容。与传统的教学模式相比，互动式教学法无疑有很多优越的地方，尽管如此，互动式教学法仍然不具备普遍适应性，具体来说，互动式教学方对学习者的年龄和学习内容都有很大的要求，适应互动式教学法的学生应当是年轻思维活跃的，使用互动式教学法来教导的学习内容应当是更贴近生活更具实践性和实用性的内容，假如学习者的年龄较大不能适应过于活跃的互动氛围，或者待学习的内容偏于理论，则互动式教学法非但无法成为人们学习的助力，还有可能对学生们学习效率的提升产生极为不利的影响。故而，推行互动式教学方法的相关教师必须根据听课群体以及所学内容的特性在传统教学方式和互动式教学方法之间做出选择，这是在课堂上使用互动式教学法必须遵循的一个基本原则。

第二，从互动式教学方法的特点出发调整教师自身的情况。每一种教学方式都有自己独一无二的特点，而这种独一无二的教学特征通常会对教师有不同的要求，具体到互动教学这一教学模式上来看，为适应互动式教学模式相关人员必须做到以下几点：

1. 转变传统的教学观念和师生观念，转变自己和学生在课堂上的角色转变

在传统课堂上，教师一直是课堂的主宰者和课堂信息的主要传递者，强势地把握着整个课堂，而事实已经证明，这种强势把握课堂的行为，会让学生们习惯将老师们总结出来的思路作为自己的知识放入储备库中，没

有通过师生和生生间的互动探索知识、拓宽知识渠道的欲望，不利于互动模式的实施和开展，有鉴于此，要想在课堂上成功推行互动教学模式，相关的教师必须转变教学观念，调整自己与学生在课堂上的地位，作为必行之举。从知识的灌输者成为学生进行知识探索的引导者，给学生较大的自主权限，让他们能培养出进行知识探索的能力和兴趣。需要强调的是，这不仅需要教师掌握一定的教学技巧，还需要教师们主动转变自己的教学心态。受我国传统教学观念的影响，我国人民都认为教师在课堂上拥有无可置疑的权威性，学生应完全按照教师的指导行事，长此以往，当学生提出自己与教师不同的意见时，无论对错，教师常不能以严肃认知的态度对待，而是敷衍甚至斥责学生，这也是互动式教学模式推行过程中的一个重大阻力。

2. 教师必须不断提升自己的教学水平

互动式教学方法对授课老师的要求远远高于传统教学模式，它要求老师在掌握任课所需的专业知识的同时，做到以下几点：第一，辅修心理学教育学等对教育实践的顺利进行具备重要意义的课程，使自身综合素质能与课堂的隐形需求相对应。第二，培养自己的亲和力与感召力，让学生能够心甘情愿地参与到自己安排的互动当中，积极地参与各个互动环节。第三，尽可能多地寻找参与实践活动的机会。纸上得来终觉浅，绝知此事要躬行，在当今这个强调人才实用性的社会，学生们不仅要有扎实的理论功底，还要掌握大量的实践技能，而实践类的知识不仅来源于他们的社会实践，还来源于教师的传授，与此同时，倘若教师严重缺乏与所传授知识相关的实践知识就很难将理论知识讲通、讲透，故此通过各种渠道了解掌握实践知识，确保自己能在授课过程中将实践知识与理论知识结合在一起，也是教师推行互动式教学课程的必行之举，倘若教师们无法做到这一点，那么互动式教学课程的课堂效果就会大打折扣。

3. 精心设计课堂活动

由于给了课内学生较大的自主性，因此互动式课堂上的记录会比传统课堂上的记录更加松散，但是如果完全放任学生按照自己的想法来度过课堂互动时光，那么学生们的互动就会因为没有明确的方向而失去效率。从这个角度看，精心设计课堂活动确保学生的举动既体现其个人的主动性，又能与课堂对学生的要求相匹配。从而保证上课的效率，这也是教师开展互动式课堂教学的过程中必须完成的一项任务。

第二节　互动教学模式的理论式支柱

进入 21 世纪后，由于国际间的交往日益密切，信息技术也越发成熟先进，人们的教学观念也发生了翻天覆地的变化。正是因为这个缘故，中学体育教学所固有的教学方式已不再符合人们的要求，新的、以教育主体间的互动为主的教学方式已然成为教学的最主要方式，构建互动式的教学课堂，使得学生们培养出独立自主的思维，已经成为教学者开展教学活动的共识，需要强调的是，尽管互动教学模式已经收获了教育界人士的广泛认可，但是由于互动教学模式属于问世较短的新兴事物，因此，教育界对互动式教学的研究仍然不够深入。教师们通常是在固有教学经验而非客观教学理论的指导下进行互动课堂的构建，而使用这种方式构建出来的互动式教学课堂并不足以将学生们培养成符合社会需要的高素质人才。正是因为这个缘故，笔者将着重介绍一些与互动教学相关的理论性的问题，以及从这些理论出发探讨互动式体育课堂的构建方式，希望能对大家有所帮助。

一、互动教学的内涵

要构建出符合人们需要的互动教学模式，人们必须首先了解互动教学的内涵。从社会学的角度看，互动实际上是发生在不同群体与个体之间的一项信息传播活动，而互动教学是一项以互动作为主要手段的教学方式，因此互动教学过程中产生的所有互动都是在师生之间、生生之间发生的。在互动教学期间，学生不再像从前那样是互动知识的被动接受者，而是学习过程中的主要交流者，他们在课堂上做出的举动以及反应在很大程度上决定了老师的讲课方式以及讲课内容。举个例子来说，在互动式的课堂上，体育教师会通过询问学生是希望以集体长跑的方式锻炼自己的运动能力及耐力还是以体育竞赛的方式参与体育活动，并且会根据学生的选择对课程内容做出安排。这种根据学生意愿适当安排教学内容的课程对提高学生们的积极性，增强他们的综合实力具有非常重要的现实意义。了解了互动教学的概念及基本特点，我们再来详细具体了解一下互动教学的内涵。

（一）互动教学是以精神主体为中介打造出来的教学模式

教学离不开教师和学生的共同参与，而互动教学实际上指的就是教师围绕学习内容展开的交流，与其他类型的互动教学一样，这种教学也离不开特地的载体，而这种载体实际上就是有利于学生认知水平提高、拥有更丰富精神世界的一系列正向知识。需要强调的是，在传统的教学课堂上，人们只是将教学视为学生们了解特殊知识的一种途径，而互动式教学课堂不仅注重特定知识的传输与分析，还十分关注课堂对学生个性及团体意识的影响。也正是因为这个缘故，互动式教学活动才能成为一个以知识为载体并拥有双主体的教学模式。这种特殊的教学模式对于学生们发展自己的个性，掌握融入集体的诀窍具有非常重要的现实意义。

（二）互动教学将促进学生个性及人格的发展作为最主要的教学目标

传统教学观念认为，知识在学生智力水平提高的过程中发挥着不可替代的重要作用。如果没有知识的填充，学生的智力水平就不可能得到提高。而随着教育研究的不断发展，这种教学观念受到了越来越多教育理论家的质疑，他们强调，人们不可能脱离社会而独自存在，如果教师们仅关注学生们在课堂上获取的知识量，而不重视学生们综合素质和个体意识的发展，那么学生即便是掌握了大量的知识，仍然难以满足社会对人才的需要，只有那些能够与其他人进行友好配合，具有正确三观的学生才能在社会上获得自己的立足之地，因此在教学的过程中，老师们不仅要向学生传递大量的知识，还要对学生们展开正向的引导，让学生们能够形成自己独特的个性，并且提高他们的创造能力和团体能力，让他们能够成长为符合社会需要的综合性人才。

（三）众所周知，在传统课堂上，教师们常用灌输式教学法向学生传授教材中涉及的知识

而事实已经证明，这种死板的知识获取方法不但不利于学生们理解高深的知识，也不利于学生学习能力及逻辑思维能力的提升，而互动式教学方法要求教师们通过构造具体的知识应用场景这一方法，让学生们能够真正地理解、掌握课堂上的知识，并举一反三，通过自己接触到的知识发现、理解新的课堂以外的知识，这对学生们综合素质及学习能力的提升具有非常重要的现实意义。

二、互动教学的理论依据

互动教学并不是一个凭空产生的教学模式，它是在多种教育理念的共同作用下产生的，了解这些理论对于教育行业的从业者更好地利用互动教育理念是非常有利的，因此笔者将对这些理论展开适当的分析，希望能对大家提供适当的帮助。需要强调的是，能够有利于互动教学的教学方法包括以下几种：

（一）需要动机理论

马斯洛的需要动机理论强调，需要是促进人们采取某项活动的重要内在因素。而人们除了基础的生存需要外，还有实现自我价值及自我追求等更高层次的追求，这些追求是支撑学生们面对艰难学习任务的重要依据。也是互动教学有效性的重要保障，具体来说，尽管处在不同年龄阶段、不同性格的人学习知识的原动力有很大的不同，但是每个学生都有独属于自己的需要，只要教师在教学的过程中能充分激发这些需要，则学生们的学习兴趣就会有所提高，从这个角度看，教师应当对学生们的需要予以充分的重视，人除了最基本的需要外，还有不断发展和生长的内在需要。这种需要就是人的学习行为的原动力，也是互动教学形成的内在机制。每个学生的起点、年龄、个性都不一样，需要层次是有所区别的，而无论哪个层次上的需要，都可不同程度地激发学生学习的动机。

基于这样的认识，教学要重视学生成长的需要，使之由"潜伏状态"唤醒为"活跃状态"，使需要的满足成为可能，形成学习动机和兴趣，应循学生的年龄特征和认知规律，引导学生克服和消除各种心理障碍，以积极的态度和行为来消解因挫折导致的需要受阻，追求自己的成功。合理的需要是动态的，教师在满足学生现有合理需要的同时，应培养学生更高层次的需要，达成需要的动态平衡，帮助学生不断提高学习需要的自觉性。学生需要的层次高一些，参与教学的动机就强烈一些，兴趣浓一些，表现出一定的能动性和创造性，而真正成为学习的主人。

（二）群体动力原理

群体动力实际上就是指由两个或多个人共同组成的群体提供的力量，这种在人们的互动过程中展现出来的群体动力存在的意义主要体现在以下三个方面：第一，班级内不同学生所具有的智力水平、思维方式以及认知能力都是不同的，更具体地说，每个学生都有他们各自的优缺点，而互动式团体交流能让他们各自发挥自己的优势取长补短，对自己探讨的问题获得更加全面深入的认识。第二，互动合作能使学生们掌握与他人合作的技巧，在团体性的活动中做到既能很好地表露自己的想法又能倾听理解别人对问题的看法，这对他们日后参与社会性的合作发展具有非常重要的现实意义。第三，互动教学学习的群体动力能够为那些比较内向不敢在人前表露自身想法的学生提供表现的机会，让他们也能随着课堂交流氛围和交流方式的改变融入课堂交流中去，从而提升自己的知识水平，这一动力原理为互动式教学模式的推行提供了非常积极的影响。

（三）人本主义学习理论和教学理论

和需求理论、群体理论一样，人本主义理论也是人们推行互动式教学模式的重要依据。该理论以学者罗杰斯的教育理论为核心，强调教育的重点是通过学习让学生自身的天赋能够得到充分的发挥。为了佐证这一教育观点，他们提出：人会在没有外力驱使的情况下自发学习外界的相关知识；意义学习和经验学习是整个学习环节中非常重要的内容。人们应该带着愉快的心情接触新知识，而不是在恫吓威胁乃至嘲讽中学习自己应当学习的内容。后者对学生们学习效率的提高会产生非常不利的影响。学生们必须总结出最适合自己的学习方法，方能在考试中取得较好的成绩。除了智力水平外，学习者的情绪和心态也会对他们的学习成效产生巨大的影响，因此保持平稳积极的心态，也是学生在学习过程中必须做到的一件大事。这是罗杰斯强调的几个重要学习观念。以这几个学习观点为基础，罗杰斯还提出了相应的教学理念。他强调：第一，在教学过程中最重要的是学生的发展，无论教师采取何种教育方法都必须以此为核心。第二，学生在学习的过程中不应该被动接受他人提供的知识，而应该自己去探索发现自己需要的知识，并将这些知识切实转化为自己能够理解、应用的知识。对学生进行教育的过程不仅是提高学生理论知识储备的过程，也是提高学生个人创造力的过程，在教学的过程中教师有必要以学生创造能力的提高作为教育的核心内容。第三，学习者不仅有能力对自己的学习能力及知识储备情况做出评价，还能根据自己的所学所知对既定的授课内容做出有价值的评价。故而，在教学的过程中，教师必须不断通过师生交流了解学生的知识掌握水平以及学生对既定教学内容的看法，从而针对性地调整学生的学习内容和教学方式。第四，尊重学生们的情感，让他们不但能在学习过程中学到相应的知识，还能在日复一日的学习中感受到人间的温情与暖意，从而成长为一个积极乐观、豁达从容的综合性人才。事实已经证明，这些学习教育观念对互动式教学的推进以及其作用的发挥能产生非常积极的影响，然而，与其他的教学理论相比这种教学方式过于随意，缺乏严谨的理论支持，这是其不可忽视的一个重要短板。

（四）建构主义理论

建构主义认为，学习者学习知识的过程并不是被动承接某一项知识的过程，而是在一定的社会文化背景下，根据其他人构建的情境，在已有知识的基础上获得的，而已经获得一定学习经验的人将自己掌握的学习经验传授给缺乏经验者之人的过程实际上就是不断对知识进行探求和改进的过程，也正是因为这个原因，围绕各类知识展开的互动对学生们构建起自己独有的知识体系，建立严密的逻辑思维具有非常重要的现实意义，因此在教学的过程中，教师必须以课程大纲为主题与学生进行多角度多层次的互动，成为学生学习路上的合格领路人。这一理论对学生日后的发展具有非常重要的现实意义。

三、互动教学过程中必须遵循的重要原则

互动教学原则反映了主体性和发展性教学目标对教学过程的基本要求，是理论原理向方法论原理转化的中介，它对教学互动整个过程起着规范和制约作用。只有运用相关的原则，规范和要求互动教学活动中教师和学生的行为，互动教学才能在真正意义上展开，而不至于成为教学的"装饰品"。因而互动教学原则成为教学互动理论研究体系中的一个重要范畴。

（一）主体性原则

所谓的主体性原则，实际上指的就是在课堂上进一步突出学生的主体地位，让他们能自行规划自己的学习计划和学习方式，积极主动地参与到课堂互动类活动中去，并积极地在这些活动中展现自我，进而为日后的职场生活奠定基础。需要强调的是，互动教学中所强调的主体性原则非但对学生有要求，对教师也有非常明确的要求，它要求教师们在传授学生们专科知识的同时与时俱进，确保学生在掌握具象化知识的同时，掌握其中隐含的社会观念及价值标准，成功塑造学生们的价值观点，为学生学习兴趣

和人生目标的塑造提供良好的学习环境，使他们能够利用课下的时间积极了解自己感兴趣的先进知识，进而提升自己的综合实力，成为社会所需要的高水平人才。

（二）民主平等原则

民主平等原则下的教学，所谓的民主实际上是要求教师走下高高的讲台与学生站在一起，通过平等的对话和交流，让学生在安逸从容的环境中成长，探知相应的知识。实施这一原则最关键的一点是扭转教师们对于学生的态度，避免他们以教师身份而自称权威。

（三）自主探究原则

古人说尽信书不如无书。自主探究原则要求教师在使用互动式教学法教导学生的过程中培养学生们进行自主探究的热情及勇气，避免他们的所思所想被课本上的内容所束缚。这是因为很多知识性的内容都不是绝对的，每个人都具有从中获得独特感悟的能力及权利，倘若教师们只知道强硬地将标准答案灌输给他们，阻塞他们的思维发散和自我知识探究，那么学生学习知识的过程就会变成一个咀嚼他人饭粒的过程，在这个过程中他们会逐渐丧失学习的热情和探索知识的习惯，这对他们日后的发展是极为不利的。自主探究知识的过程并不是一个简单的过程，它就像是一条与众不同的知识学习之路，而要成功踏上这条路，学习者必须有明确的学习目标和独有的学习兴趣，以兴趣为老师去探索那些与课本有关却又不存在书本中的知识，并通过知识的获得享受到独特的乐趣，单从讲述来看，这似乎是一件非常简单的事情，然而有过寒窗苦读经历的人知道要想顺利地走上这条路并非一件容易的事情，有些人学习各类知识多年仍未能从众多的知识中找到能令自己怦然心动并为之付出一生的内容。而有些人虽然找到了自己感兴趣的知识却因为在探寻知识的路上屡屡受挫，而无法坚持，最终兴趣并未能成为专业，而仅仅成为他们打发闲散时光的一件工具。举例来说，被中华灿烂文明所迷倒的人数以千万计，然而以这份热爱和沉迷为动力克服重重艰险成为为探求相应知识而奋斗一生的历史学家或文学家又有多少人？这就说明，自主探究原则的最终实现离不开教师的扶持，要想帮助学生实现知识自主探究，教师必须为学生寻求合理的支持，除此之外，在与困难做斗争的过程中，他人的鼓励是非常有价值的存在，故此，教师在互动过程中不仅要给予学生针对性的支持还要不时地给学生提供奖励和赞扬，让他们的精神世界因独一无二的知识探求之路而变得更加美丽和幸福。

（四）尊重差异原则

由于天赋和后天生长环境的不同，不同年龄的学生在智力水平运动耐受能力、心理承受能力等各个方面都存在很大的差异。正是因为这个缘故，在开展互动式教学的过程中，教师必须做到因材施教，让每一个学生的个性及特长都能够得到充分的发挥。举例来说，有些学生有内秀、思维缜密但胆怯，这种情况下教师既要给学生创设一些自我表现的机会，又要耐心地鼓励他们，使他们拥有足够的耐心。而学生显现的不同年龄阶段差异、性别差异以及个体的智力、体力、心境、习惯等方面的差异都是客观存在的。正是由于这种不平衡性，互动教学必须尊重和关注学生的这些差异，针对学生不同特点采取不同的教育措施，这就是"因材施教"。"因材施教"就是承认差异，重视差异，从学生的实际出发，有的放矢，区别对待，兼顾每一个学生的发展水平，并使每个学生都有成功的学习体验，从而得到相应的发展。

第三节　国内外互动教学模式的多维度研究

互动教学模式对于调动学生们的学习积极性、提高学生们的学习效率具有非常重要的现实意义。国内外许多专家学者都对互动教学模式进行了研究与分析，且这些研究者们研究、分析互动教学模式的角度有很大的不同，他们的研究为互动教学模式的完善做出了不可忽视的贡献。在此对他们的研究成果做出细致的分析，希望能对大家有所助益。

一、国内相关研究

与国外学者对互动教学模式的研究相比，国内学者研究互动教学模式的角度更加广泛。且他们的研究更符合中国人对于互动教学模式理论的需求。在我国最早对互动教学模式展开研究的人是教育家吴康宁，他于1997年以参与互动的主体为依据，将互动教学模式分成了教师与教室内特定学生的互动、教师与班级内全体学生的互动以及教师与班级内组合好的各个学习小组间的互动。吴康宁对师生互动教学模式的分类是将不同类型师生互动的具体表现进行了细致的划分，这对教师们进行互动教学模式的构建及应用同样是十分关键。需要特别指出的是，吴康宁不仅从参与互动教学模式的不同对象入手，对师生互动教学模式进行了分类，还根据互动教学模式中师生的不同互动对互动教学模式进行了分类，他强调在某些互动实践中，教师会向学生提出一些硬性要求，例如来上学的时候必须身穿校服，而学生不提出任何异议百分之百地执行了老师提出的要求，这种要求与满足要求的师生互动关系称之为控制－服从型教学模式。而在某些互动实践中，教师们向学生提出的要求，例如不允许学生在班级内随意与其他学生交流，被学生们拒绝执行，有些学生甚至还会因为不满教师们提出的命令正面反抗老师。这种命令与反抗命令的互动称之为控制与反控制的互动模式，需要强调的是，最大限度地避免学生与教师在互动的过程中发生这种控制－反控制的互动式教学模式是有效提高学生教学效率的关键。

除了控制－服从、控制－反控制这两种互动模式之外。吴康宁还提出了互相协商这种互动教学模式。顾名思义，所谓的协商型教学互动实际上就是老师与学生就某一问题进行讨论并最终达成共识的一种互动教学模式。

除了吴康宁以外，与其处在同一个时期的研究者王家瑾也对互动教学模式进行了深入的分析研究。只不过他使用的研究方法以及研究角度与吴康宁有很大的不同。这位研究者研究互动教学模式的方法是系统工程法，而其研究的落脚点是影响互动教学模式的各因素之间的相互影响，以及能够对这些因素产生影响的多个变量。其研究结果显示能够影响互动教学模式教学效果的因素包括教师、学生、教师们在教学过程中使用的内容以及方法。教师们在教学实践真正开始之前就已经择定的教学目标有很大的关系，而能对教师这一教学效果影响因素产生影响的因素主要包括教师们对教学这一活动的认识、其对自己工作的态度（认真负责者能获得更好的教学效果，敷衍搪塞则教学效果极差）、教师在教学过程中对学习成员的分类及组合、教师在教学过程中使用的教学措施。而能对学生这一教学效果影响因素产生影响的主要包括学生们学习的动机、学生们对待学习这件事情的态度以及学生们在长久的学习过程中养成的学习习惯。

影响教学内容与教学具体实施的因素主要包括可供学生们使用的信息搜集、授课渠道以及教师们对于自身教学任务的了解。只有恰到好处地调配这一方面的内容，学生们才能取得最佳的教学效果。能够影响教学目标这一教学效率影响因素的主要内容是其设定者对于教学实践的认识以及学生们对于教学目标的期待。事实上除了影响教学效率的因素以及能使这些因素发生变动的影响因子之外，王家谨还利用自己构造的数学模型分析了能够让互动教学模式获得最佳效果的各动因的状态，不仅如此，在研究出影响教学效果的各项效果所处的位置之后，相关人员还根据学生对教学效果的影响分析出了两种不同的师生互动关系，即积极的师生互动关系和消极的师生互动关系，他强调积极的师生互动关系指的是教师具有教学的积极性责任心，能够用心打造和谐教学氛围，而学生在教师的引导下拥有了极强的教学自主性和责任心，两者相辅相成相互配合。而消极的师生关系则包括很多种，一种是老师在工作中十分懈怠，将任务当成是一种需要自己敷衍的活动从而导致相对低水平的教学效果；一种是教师虽然认真对待自己的教学工作却忽视了学生学习自主性对于教学效果的影响，致使学生的学习自主性和学习积极性始终处在一个较低的水平，最终导致教学效果不尽如人意。因此教师以最佳状态面对教学实践，并充分调动学生们的学习积极性才是促进学生们学习效率提高的重要依据。

显而易见，不管是吴康宁还是王家谨都是从互动对象出发对互动效果进行分析的，前者的实践指导意义更强，而后者的理论意义更强，对互动关系的构建都产生了非常积极的影响。

了解了国内外专家学者对于互动教学模式影响因子的研究，我们再来了解一下国内外专家学者对于师生互动关系差异性的研究。社会学的专家学者们认为，课堂实际上就是一个小社会。我们所关注的课堂教学活动实际上就是身处于课堂中各类角色调动自身之能力左右影响其他角色的关系。且在课堂上影响力最大的当属其中唯二有自我意识的主体老师和学生。因此所谓的教学过程实际上指的就是师生互动的过程。此外，由于在传统的教育观念中教师不仅要扮演传道授业之人的角色，还要担负起约束学生管束学生的重任，因此在传统的师生关系大多是控制与服从关系，在这一关系的影响下，教授的主观态度对于教学效率将会产生不可忽视的影响，换言之，教师在教学过程中展现出来的态度很大程度上决定了师生互动关系，当教师在教学的过程中呈现出不同的差异时，师生互动自然也能展现出正常情况下无法展现出的差异，这种差异性主要表现在以下几个方面。

第一，师生互动的差异与学生的性别和职务以及学生成绩有很大的关系。从性别上看，由于女生多腼腆内向而男生更开朗健谈乐于对事情发表自己的看法，因此教师与班级内男同学交流的次数远远多于其与女同学交流的次数，且教师们与男同学交流的内容有时也比其与女同学交流的内容更加广泛。从互动对象在班级内担任的职位来看，事实已经证明，在班级内担任班干部的学生需要协助老师完成许多额外的工作，例如收作业布置教学任务等，正是因为这个缘故，教师与班干部交流的次数远远超过教师与班级内其他成员交流的次数。从学习成绩上来看，学习好的学生会让教师们感到自己的付出是有意义的、值得的，而部分成绩不好的学生非但会以一己之力拉低班级中的平均成绩，有的还会干扰正常的学习秩序，给教师正常上课造成阻碍。因此在有选择的情况下，教师会更多地与成绩好的同学交流其对于学习的看法，而不愿意和成绩较差的学生探讨问题。

第二，课堂师生互动的差异，还表现在对于不同学习水平的学生，当一个学生的学习水平较高且在各个方面表现得十分优秀时，老师往往会耐心听取他们对于教学提出的看法，在教导他们时也会更注重因材施教，但如果对于自身的教学提出问题的是那些学习水平较低的学生，教师往往会表现得更加强硬和专制，水平低的这些学生们通常会有自己的想法却得不到充分展现的机会，这对学生养成与老师积极互动的习惯是极为不利的。

第三，由于学生们的学业水平各有不同，因此教师们提出问题时经常会要求学业水平较低的学生回答一些描述性的较为简单的问题，而当提问学业水平较高的学生时，老师会让他们回答那些明显带有复杂性和思辨性的问题。这也是师生互动的较大差异，除此之外，师生互动之间的差异还体现在提问频率上，为了让学生们的学习水平都能够获得一定的提高，在上课的时候，教师们经常会提问那些成绩稍次的学生，其目的并非让他们出丑，而是为了让他们能够明确自己有哪些知识点掌握得不到位，从而提高学生们对知识的掌握能力和针对性。

第四，课堂师生互动还具有一定的空间差异，当学生的位置正好位于老师的视线中心时他很有可能收到老师的额外关注。而当学生们所处的位置是教师们目不能及的角落时，这个学生做冷板凳的可能性就会比较大。这也是师生们在课堂上活动的差异。

除了由教师主导的师生互动差异外，教师在教学的过程中使用的教师话语也日益转变研究者们研究的重点。

研究者 Nunan（1991）强调，教师话语不仅对课堂教学的组织有着较大的影响力，还能对学生的语言习得产生非常大的影响。这不仅是因为教师话语是组织学习的重要载体，还因为教师话语能在潜移默化中影响学生们的语言交流习惯。当其他因素相同时，教师们使用的教师话语就能决定学生们最终的学习质量，且由教师话术决定的学生们的教学质量通常能表现出非常明显的差异。

在传统的语言教学中，课堂教学被看成一个由教师向学生传授知识的过程。教师占据了课堂的主导地位，师生之间的交流和生生之间的交流都寥寥无几，研究已经表明这对学生们学习效率的提高是极为不利的。此外，研究已经证实，教授话语对于学生表达能力的提升也能产生非常积极的影响。当一个学生的教师拥有非常高明的教师话术则这个学生在个人主张的表达和传递方面便能高人一筹，这也是近年来教师话语备受重视的一个重要原因。需要强调的是，在传统教学观念的影响下，教师始终是课本理论知识的讲述人，因此，他们使用的教师语言往往缺乏真正的意义，这对学生们借助教师语言完成语言习得是极为不利的，而在互动教学模式下，学生们与教师交流的次数大量增加，与此同时，他们所接触的教师话语也更为丰富和多样，这也是导致教师话语备受关注的一个重要原因。教师话语中的疑问句和祈使句较多，陈述句较少；展示性问题和理解核实较多，而参考性问题、确认核实和澄清请求较少。

而提问方式，是教学内容中非常重要的一个组成部分。因此多年来，相关领域的人一致将提问方式作为自己的研究重点，他们的研究结果表明，老师们使用的提问式语言非但能促进学生参与到师生、生生之间的互动中来，还能让学生们的语言表达能力和交际能力得到明显的提升。对课堂提问的研究主要集中在以下几个方面：由谁提问；什么时候提问；怎样提问；提什么样的问题；什么时候让学生回答提问；让谁回答问题。教师课堂提问所涉及的问题可分为两大类：展示性问题和参考性问题。展示性问题指提问者已知道答案的问题，而参考性问题则指提问者并不知道答案的问题。值得关注的是，教师提展示性问题的目的并不是通过自己获得的答案来解惑，而是便于提升自己应用教师语言的熟练程度。事实上这种语言仅在课堂上才会频繁使用，但是相关的调查结果已经证明，这种语言的使用在学生们语言习得的过程中能够起到独一无二的促进作用，教师们使用此类语言的次数越多，学生们在交流中使用的语言就更为贴合社会交流的需要，正是因为这个缘故，语言专家们均大力提倡学生们使用此种语言进行教学。

教师话语的另一个重要内容是对学生的课堂表现做出反馈。大量调查结果显示，教师的反馈不仅能让学生对自己在课题上的表现有一个清楚的认识，还能够提高学生们的学习热情。需要强调的是，夸奖和赞扬对学生们学习的激励作用远远超过批评对学生学习动机的促进作用，除此之外，若教师想要真正发挥赞扬对学生们学习的积极性就不能只是泛泛地称赞学生好和不好，而是应该积极地指出学生们的闪光点表现在哪一个方面，举例来说，当老师夸赞一个学生在课堂上的发言很好时，不能只是笼统地说学生表现得好，而是应该点明学生究竟好在哪里，例如该学生在回答问题时用词考究逻辑性强。这对于学生们水平的提升是十分有利的。

二、国外专家围绕互动教学模式展开的多角度研究

相关资料显示，国外大多数教育家研究互动教学模式的落脚点都是互动教学的类型。且每个人划分互动教学模式类型时使用的依据都是不同的，最早对互动教学模式进行分类的 Ellis 以互动的核心为教学模型划分依据，将互动教学模型划分成了以语言为核心的互动教学模式、以信息为核心、以学习任务为核心、以学生学习内容为核心、以互动组织形式为核心的五种教学模式。而研究者 Seedhouse 却根据互动教学模式的存在基础将互动式的教学模式分成了以现实世界为根基的互动教学模式、以课堂为存在根基的互动教学模式、以任务为存在根基的互动教学模式以及以语言表达的精准特色为依据的教学模式四种。顾名思义，以现实世界为存在根基的教学模式实际上是一种无限贴近于社会性互动的课堂互动。基于课堂的互动教学模式实际上就是我们所知道的专门为课堂服务的互动教学模式。以教学任务为根基的互动教学模式实际上就是指的一切为教学任务的实现为核心的互动教学模式。以语言准确性的互动教学模式对于教师与学生之

间的交流和表达额外看重。尽管教育家们对教学互动模式进行分类的依据不同，但是这些分类对于人们分析构建不同类型的互动教学模式具有非常重要的现实意义。

第四节　角色互换法在互动教学
模式中的特色性应用

现阶段，角色互换法已经成为互动教学的实施者们常用的一种教学方法，且事实已经证明，这种教学方法对于提高学生们的教学效率，增强人们的综合素质具有非常重要的现实意义。故此促进这种方法在中学课堂上的普及已经成为当前的大势所趋，角色互换法不光给教师们带来了机遇，还给他们造成了无法躲避不可无视的挑战，这些挑战给原本有意使用角色互换法提高教学效率的教师们造成了阻碍，不利于他们通过教学改革来提高自己的教学效率。正是因为这个缘故，笔者着重对角色互换这种教学方法进行了介绍，希望能对大家有所助益。

一、角色互换体验式教学法的定义及特点

角色体验教学模式理论是从美国社会学家范尼·谢夫特和乔治·谢夫特的《关于社会价值的角色扮演》中演绎过来的。其含义指的是教师在教学的过程中先让学生们明确本节课的学习任务，而后再让学生们扮演教师的角色，将这节课需要让学生们了解的内容传输给其他学生，这种角色互换的行为真正将学生推到了老师的位置，因此与传统的教学方式相比，此种教学方式具有非常明显的特色性。这种特色性主要表现在以下三个方面：第一，突出学生的主体性，在角色互换的过程中，学生要自己了解需要讲解的内容并使用自己擅长的方式对内容进行讲解，在此过程中老师基本不会对学生的所作所为进行干涉，因此在这个过程中，学生们的主体性能够得到充分的发挥。第二，互动性比较强，事实已经证明，角色互换这

种教学方法不但能让站上讲台的同学对需要学习的内容产生兴趣，还能调动台下学生们学习的积极性，让学生们以更加专注的状态投入到课上知识的学习当中，除此之外，与传统的老师授课的课堂相比，由学生主导的课堂气氛更加松散，这对提高学生们互动的热情是极为有利的，一些平时总是在课堂上充当局外人的学生在这种时候也会在同学的带动下成为互动行为的参与者，这是其成为互动教学模式中重要教学方式的关键。第三，角色互动需要担任讲师的学生首先了解需要了解的知识并对需要讲解的知识进行逻辑分析和串联，保证前后知识的连续性和逻辑性。不仅如此，学生们还要掌握与讲课相关的诸多技能例如 PPT 制作等，这对学生们而言是不可忽视的重要挑战，而教师们必须在课堂上转变自己的身份，从一个错误的纠正者、纪律的约束者变成纯粹的倾听者，努力发现学生在交流组织等多个方面的优点，这对于教师而言同样是一个难关，但不管是老师还是学生只有顺利渡过了难关就可以从中获得非常明显的收获，这也是角色互换法这一方法始终被教师们所应用的一个关键。

二、"角色互换"体验式教学法的运用

（一）做好角色互换的准备工作和动员工作

当人们有计划有准备地完成一件事情的时候，事情总是会完成得十分顺利，相反如果人们总是在没有准备的情况下鲁莽地参与到某件事情当中，那么他们就很难在做事的过程中得到非常理想的效果，因此做好准备工作是角色互动这一教学方法顺利实施的关键，除此之外，虽然角色互换是由老师们牵头准备的一项重要工作，但是如果学生们对参与此项活动充满排斥，即使教师强迫学生们参与这场角色互换活动，也不能借此获得理想中的收获，正是因为这个缘故，对学生们进行动员让他们能够积极地参与到教学活动中来，也是教师在教学过程中使用角色互换这一教学方法的关键。需要强调的是，做好准备工作和动员工作并不是一件容易的事情，事前准备要教师在学生们开始角色扮演之前将学生在角色扮演期间需要完

成的任务准备告知学生，并且告知学生需要他们在课堂上讲述的内容究竟包含哪一部分。让学生们能在成为角色扮演者之前做好充分的授课准备，需要强调的是，尽管一节课只能有一个学生站在讲台上充当老师的角色。但是教师们应当让所有的学生都做好成为临时老师的准备，这样不管真正上台讲课的是哪个学生，其余学生都能因为提前预习过需要学习的内容而尽快进入状态。了解了角色互换这一方法对准备工作的要求，我们再来了解一下教师应当如何号召学生迈入临时教师这一岗位，众所周知，除了部分成绩比较优异的学生之外，大部分学生对于自己充当老师这件事情还是有几分排斥的，学习不够扎实的学生认为讲课这种事情和自己不沾边，会让自己出丑，而那些成绩不错的学生中也有很多因为害怕在大众面前丢脸，所以不愿意担任一日之师。在这种情况下，教师们在进行学生动员的时候要做到以下几点：开始的时候，使用为师者的权利让某一同学担任一日之师。需要强调的是，在选择学生时，相关人员不应该选择那些平日里争着回答老师问题的踊跃分子，而应该选择那些认真学习但是在特定场合怯于表现自己的学生，而后在他们出色地完成讲课任务后给予他们一定的奖励。如果参与此项角色互换的学生们是初高中生，那么教师可以在班级内对他们进行夸奖并自行准备笔本等不昂贵但是能代表荣誉的奖励品。如果参与此项角色互换运动的人实际上是大学生，那么教师们可以将他们在角色互换时候的表现与最终成绩挂钩，这些对学生们而言有很大吸引力的奖励能够像教师期望的那样积极主动地参与到角色互换中来。除此之外，事实已经证明，倘若一个人在刚刚开始做一件事情的时候饱受挫折，那么他们做这件事情的可能性也就大大降低，而会让学生们在担任一日之师的过程中受挫的，往往是那些让他们理解起来非常困难的内容，因此教师们要想顺利地完成动员工作，让学生们自觉自愿地参与到这一环境中来，就必须在学生们初次担任临时教师的时候选择一些浅显的、容易被理解接受的内容作为学生讲课的内容，以免学生们因教学内容太过深奥而对自己失去信心。只有做到这一点，针对角色互换制定的准备互动行为才能够真正具备存在的价值，需要强调的是，要保证角色互换这种教学方法的顺利实施，不仅老师需要做好充足的准备，学生们也要做好充足的准备。这些准备包括熟练运用新媒体，掌握制作讲课辅助工具——PPT 的能力等，教师应详细告知学生需要准备的内容究竟有哪些，从而提高学生们的讲课效率及收获。

（二）教师在角色互换的过程中需要做的事情

在被选定的学生完成内容讲解之后，在班级中随机选择几名学生让他们谈谈对讲课同学表现的看法以及通过该学生的讲解自己学到了哪些知识，这样做既可以对讲课的学生产生一定的激励作用，又可以让其他学生不至于因为讲课人员变成了自己的同学而注意力涣散。在学生们的点评都完成以后，教师们要对学生们进行点评，需要强调的是，在点评的过程中，教师应以夸奖赞扬为主，让原本对此活动呈观望态度的学生也可以自愿成为该项活动的参与者，这样天长日久学生们自然而然就能习惯这种以自己为中心的教学模式，自主学习自主思考的习惯也能慢慢养成。如果课堂混乱无序，那么讲课学生的水平以及角色互换这种教学模式的作用就不可能真正显现出来。因此在开展角色互换模式的时候，适当地维持课堂的秩序保证学生们在课堂上活跃却不肆意也是教学工作者必须完成的一项重要任务。

（三）对角色互动这一教学方式的反馈

人们必须适当地对自己需要完成的任务进行反思才能让事情变得更加圆满，因此在课程角色互换活动完成之后适当地进行活动反思也是教师们采用角色互换这种方法提高教学效率的必行之举，需要强调的是，在反思的过程中，教师不但要通过自我观察寻找角色互换实践的不足之处，还要询问学生们对于角色互动实践的看法，这是因为学生也是课堂的重要主体，他们对教学方法的接受程度在很大程度上决定了他们的学习效率以及教师的教学效率，如果学生们对角色互换这一教学方式的评价都十分负面，那就说明教师所实施的角色互换方式并不适合学生，这对教师调整自己实施的角色互动教学法具有非常重要的现实意义。

总而言之，虽然角色互动这种教学方式已经被验证是非常有利于学生进行互动式教学的一种教学方法，但事实上，这种方法的实施并不是一件一帆风顺的事情，首先喜欢在课堂上积极表现自己的学生只是少数，大多数学生遇到这种会被他人注视评价的事情都会将自己隐藏在无人关注的角落，这会阻碍角色互动这一教学方式的顺利实施。此外，学生们对知识的掌握与老师们对知识的掌握完全不在一个层次，同理他们讲解知识消耗的时间很有可能是教师的数倍，这种情况下，原定用一堂课完成的学习内容也许不得不同两节课来完成，这对于学习任务的最终完成是极为不利的，正是因为这个缘故，要实施角色互换这一教学模式并使其在教学过程中发挥出真正的效用，教师们必须做到调动学生成为老师的积极性，对学生们讲课的时间以及讲课的内容进行适当的把控，否则就难免事倍功半。

第五节　案例教学法在互动教学模式中的特色性应用

案例教学法也是人们使用互动式教学模式的过程中经常使用的一个教学方法，其对互动式教学模式的成功应用能产生不可忽视的积极影响。笔者将着重为大家讲解案例式教学法的相关内容，希望能为大家提供些许帮助。

一、案例教学法的定义

案例式教学法实际上就是教师们引导学生分析与学习内容相关的案例，并从中汲取知识的一种教学方法。这种教学方法的存在对于学生自主学习能力的提升能够产生非常积极的影响。

二、案例式教学法在课堂教学中存在的意义

案例式教学法可以归结为：案例——理论——案例。所有案例教学活动都是以案例为根本的，这种以案例为支撑的教学方式与其他教学方式相比具备以下优势。

（一）案例教学法对于学生们学习主动性的提高是非常有利的

这是因为在使用案例教学法教学的过程中，老师们会重点关注学生们对于案例的接受情况，以及案例对于学生们产生的积极影响，这种以学生为本的教学方式能够刺激出学生们潜藏的学习热情以及天赋才华。

（二）能培养听课者的创新能力

传统的教学方式都是将现成的知识点直接灌输给学生，但是案例教学法会将学生带入一个知识情境中，让他们根据有限的指导自行去探索与该学习内容相关的知识。这个过程是曲折的，从这个过程中获得的答案也很有可能不是传统意义上的标准答案，但是在以案例为根基进行头脑风暴的过程中。人们的思路会变得更加开阔，且他们会探索出适合自己的问题解决办法。因此我们说，案例教学方法的使用对于学生们创新能力的提升能产生非常积极的影响。

案例教学法对学生们综合素质的提升能产生非常积极的影响。调查结果显示，一个有价值的案例中蕴含的知识是多种多样的。换言之，也许授课者们挑选某个案例是希望学生们通过这一案例的分析掌握某一类的知识，但是学生们能从其中掌握的知识实际上是多种多样的，其中既包括与所学科目相关的理论性的知识，也很有可能包括社会性的或科学性的知识，久而久之，学生们的知识面会变得更加广阔、他们的才干也会随之而加强，这也是案例教学法存在的一个重要原因。

三、案例式教学法应把握的四个环节

案例教学的可操作性强，在课堂教学中要运用好案例教学法应把握好

以下四个环节：

（一）选择案例时要保证案例的趣味性和哲理性

正如我们所了解的那样，案例存在的价值就是帮助学生们更好地理解那些抽象的理论知识，且只有那些生动有趣的案例才能让学生们很好地领悟其中蕴含的理论性知识。因此在挑选案例的过程中，相关人员必须确保案例是能够反映课堂理论知识的典型性案例，保证案例能够吸引学生并给予学生正确的引导。需要强调的是，要保证案例对于学生的吸引力不仅可以靠事件本身的荒诞性和教师的叙事能力，还可以依靠事情的实时性。举例来说，在向法律专业的学生讲解偷税漏税的相关法律时，学生们很有可能因为法律条文的冗长及复杂忘掉其中的要点，但是如果教师们以某人偷税漏税的事情作为案例则学生们势必能对需要讲解的内容产生兴趣，从而加深自己对所学知识的印象。

（二）呈现案例时要创设合适情境并提出相应问题

案例的存在能够尽可能多地将学生们的注意力都吸引到案例所包含的知识上，但是要想让学生仅凭案例就探索出自己思考问题解决问题的有效途径还是十分困难的，因此在使用案例教学法教学的过程中，教师应根据案例内容与课堂上所学知识为学生们开设多个与内容相贴合的问题，这样做有助于学生将案例及课上的理论知识联系在一起，从而取得更为深入的认识。在设计案例的时候，相关人员应在理论讲解之外，额外设计以小组为单位的案例探讨环节，只有做到这一点，相关人员才能取得更佳的教学效果。

（三）点评时要注意内容的总结及升华

正如我们在前文中所提到的那样，学生们在自己思考问题以及与同学共同探讨问题的过程中难免会遇到很多疑问和挫折，而靠他们自己解决这些挫折或是意识到自己存在的问题实际上是尤为困难的，正是因为这个缘故，在学生们进行探讨和互动的过程中相关人员必须时刻关注他们在思考及互动中的表现，并在他们的讨论分析告一段落以后针对他们在探讨分析的过程中犯下的错误以及他们遇到的困惑进行分析和总结，进而确保他们通过案例教学能够收获到更多且更为宝贵的东西。

四、运用案例式教学法应注意的问题

尽管案例教学法具备提高学生学习积极性、提高学生们创新能力并促进其全面发展的能力，但是与传统的教学方式相比，这类教学方式需要学生们付出更多的精力和时间，且由于很多知识需要学生们自行领悟，所以有不少的学生在案例教学法的影响下对一些知识性内容产生了误解。结合案例式教学法所具备的优缺点，我们不难发现，案例教学法未必能像其使用者所期待的那样对学生学习效率的提高产生积极的影响，要想实现这个目标，学生们在学习的过程中必须做到以下几点：

第一，在选择案例的时候果断放弃那些枯燥的案例。案例教学法之所以能在一众教学法中脱颖而出成为受互动教学模式构建者们青睐的教学方法，是因为这些案例能够引起学生们探究学习知识的乐趣，如果学生们选择的案例过于枯燥，那么案例教学法非但不能像人们期望的那样成为教师们教学的奇招，还会给学生们造成额外的学习负担，加速他们学习兴趣的消磨，因此保证案例的趣味性是发挥案例教学法积极作用的首要条件。

第二，确保案例的典型性及其与所讲知识的契合性。案例中可能蕴含的知识是多种多样的，如果案例中隐藏的知识表现得不够明确则学生们很有可能将其中隐含的知识点理解成另外的与其相似的知识点，正是因为这个缘故，在选择案例时学生应尽可能选择那些具有典型性不会让人们产生误解的案例。

第三，忌运用缺乏梯度的案例。不同的学生理解案例、认同案例的程度实际上有很大的不同，倘若教师们在选择案例的过程中仅仅选择了一些符合部分学生情感及理解能力的案例，那么就会有一部分同学成为课堂中

的局外人，这对学生们的成长而言是极为不利的，因此在选择教学案例的过程中，教师们应当尽可能选择那些具有梯度的案例，使得参与教学的所有学生都能在学习过程中收益。

第四，在选择案例的过程中相关人员一定要选择那些能对学生产生启发的案子，因为如果没有这样的案例，那么案例的存在就会失去其意义。

第五，在讲解案例的时候，老师不应该照本宣科，而应该对自己的语言进行锤炼，从而突出案例原有的故事性和趣味性。案例的趣味性不仅取决于它自身，还取决于讲述人对案例的讲述。假如授课者在授课的过程中只知道照本宣科和平铺直叙，则案例本身的吸引力就会大打折扣，假如教师们能在不影响案例内容的情况下，用尽可能诙谐的语言来讲述选定的案例，则学生们就很有可能成为案例的接受者，这对提高学生们对案例的接受程度是极为有利的。

第六，在选择案例的过程中，教师们应当对案例的数量和每个案例消耗的时间进行把控。不管教师们使用的是哪一种教学方法，学校赋予他们的教学时间都是极为有限的。如果教师们在选择案例的时候没有考虑到时间对案例数量的限制，那么结果只能是事倍功半。

第七，在选择案例的过程中，相关人员要尽可能保证案例的热点性，与其他的案例相比，离人们的生活越近就越容易获得人们的共鸣，正是因为这个缘故，在选择案例的时候相关人员应尽可能选择近期的热点事件，从而激发学生们参与学习的兴趣。

总而言之，案例式教学法是以案例为落脚点，通过学生之间的互动完成教学任务的一种教学方法，与普通的教学方法相比，这类教学方法对学生自主性、实践性的提升是极为有利的，但同时它也具备自己的缺点，如花费时间长容易让学生在学习过程中走入歧路等，正是因为这个原因，教师们既要积极地使用案例教学法这种教学方法，又要充分考虑到案例教学法对实施过程提出的种种要求，从而确保教学任务的顺利完成。

第六节　情景教学法在互动教学
模式中的特色性应用

一、情景教学法的定义

情景教学方法是小学及初中老师实施互动教学策略时常用的一种教学方法，这种方法实际上是要求教师在授课的过程中创设一些与所学内容相关的趣味性场景，使得学生们能在情景教学的过程中产生一定的情绪反应，进而拥有更加渊博的知识和更加成熟的心理状态。这种教学方式的使用对于学生们的成长和发展能产生非常积极的影响。

二、情景教学法的基本原则

（一）在使用情景教学法为孩子们构建教学模式的过程中，教学人员要首先保证创设情景的趣味性

情景教学法得以发挥自身作用的关键是其可以调动起中小学生学习的兴趣和主动性，而其调动其他学生学习主动性的关键就是确保自己设置情景的趣味性，如果出现趣味性缺失的情况，则情景教学法的应用就会失去其该有的价值。

（二）明确情景教学法的目的性

与其他的教学方法相比，情景教学法营造出来的教学环境更加松散，为了勾起学生们对所学知识的兴趣和趣味性，教师们必须在课堂上加入许多与教材内容无关的元素，但是如果教师们在此过程中本末倒置，只知道关注教学内容的趣味性忽视教学内容的强调和重复，那么他们使用情景教学法开展教学活动的初衷——使得学生们将更多的注意力放在所学内容上就很难得以实现。在设置教学情景的过程中，教学人员必须明确自己教学的目的，在设计教学情景的过程中实现教学内容与教学情景的充分融合，

从而加深学生们对于所学教学内容的印象。

（三）注重学生们当前的智力水平对课堂情景的要求

部分教学人员在进行场景设置的时候对学生们的智力水平和心理发展水平没有一个正确的认识，因此在设置场景的时候设置的都是一些幼龄化的场景，这些场景非但不利于引起学生尤其是中学生的兴趣，还会反过来让学生对课程内容失去兴趣，正是因为这个缘故，在使用情景教学法来提高教学效果的过程中，相关人员必须充分考虑哪些场景能引起中小学生的共鸣，不能一味使用那些以低幼为代名词的场景，否则只会事倍功半。

（四）重视潜意识对中学生的影响

心理学已经证明，当一个孩子总是在尝试完成一项任务时听到来自他人的否定，那么久而久之他们也会对自己的能力失去信心，相反当一个孩子在鼓励包容的环境中长大，那么他们对自己接触的东西也就充满信心以及尝试的勇气。正是因为这个缘故，在使用场景教学法提高学生们对所学知识的了解时，教师们必须充分考虑学生潜意识对他们产生的影响，在教学的过程中不断地予以学生肯定，使得学生们在学习的过程中能够产生正向的情绪反馈，不断地参与到学习内容的探索中去。

（五）不断探索新的、能够刺激学生产生正向情感的情境设置方式

教师们将学生引入适当情景的方式是多种多样的，教师们应不断探索新的与当前社会发展形势相契合的场景构造，从而确保情景教学能够与时俱进。

三、情景教学法所拥有的独特价值

（一）情景教学法能让教师真正将课堂主动权交给学生

实际上早在许多年前，教育界的相关人士已经认识到学生这一教学主体对于教学效率将产生多么大的影响，为此他们一直在呼吁奋斗在教育第一线的教师们将课堂上的主导权还给学生，然而传统的教学模式已经使得

老师教学生听的教学模式进行了僵化与固定，在这种固定的教学框架下，尽管教师们有心提高学生们在课堂上的主动性也收效甚微。而情境创设这种教学方法能让学生们在情境中身临其境真正掌握课堂上的主动权，这是情景教学法所具有的一个非常重要的现实意义。

（二）情景教学能够让学生们获得更好的学习体验

学习实际上就是人们借助旧认识获取新认识的一个重要过程。且认识的对象就是课本上标记的大量知识，毫无疑问与学生们接触的其他内容相比，这些知识显得更加枯燥难懂，为此学生先对所学知识有一个感性认识，而后再去追求对这些知识的理性认识，这对他们学习知识是大有裨益的，然而，在传统教学模式的影响下，教师们并没有留给学生们对知识进行感性认知的时间。而是直接将包含着内在逻辑的知识交给学生们，在这种情况下，很多学生对教师们讲述的知识只是一知半解而已，很多学生虽然将与这个知识点相关的内容都记在了脑子里却没有办法在实际生活中恰当地应用这些知识，很显然这并不符合教育对学生们的要求。而情景教学这种教学方法给学生留出了充分进行感性认识的时间，对于学生们获得更好的学习体验深入了解所学知识具有非常重要的现实意义。这也是情景式教学法得以在低年级教学过程中广泛使用的一个重要原因。

（三）情景教学有利于学生探索、寻找新知识

与传统的教学方式相比，情景教学法更有利于学生们在掌握课堂知识的同时举一反三探索新的知识。这也是情景教学法得以在教学过程中广泛传播的一个重要原因。需要强调的是，要想发挥情景教学法所具有的促进学生们进行知识探索的能力。教师们必须做到以下三点：第一，对于那些比较抽象难以被学生所了解的知识，教师们应当根据知识点设计出相应的场景，而后帮助学生们掌握对材料进行拆解分析的能力。第二，对于那些与生活密切相关的知识点教师们应当安排学生自己去创设与所学知识相关的社会性场景，这对于提高学生们的知识应用能力是极为有利的。第三，如果学生们学习的对象是那些很难在课堂上进行情景创设的知识，教师们应当将学生们安排到可以应用这些知识的社会机构中去，让学生们能够在实践中切实应用到这些知识并思考这些知识的延伸方向。只有恰到好处地完成这几项任务，教师们才能真正靠着情景教学的方法提高学生们学习的主动性和积极性。

　　总而言之，情景教学方式是一种以激起学生们学习热情为核心的教学方式，这种教学方式不但能够调动起学生们学习的热忱，还能让学生们真正成为课堂的掌控者以及能够独立思考处理问题的人，这也是学生构建互动式教学模式的时候使用情景教学模式的一个重要原因。

第二章　中学体育互动课堂的
基本情况概述

互动教学模式是一种适用于多个教育阶段的教学模式，但是由于不同教育阶段的教育存在非常明显的不同特点，因此不同教学阶段中互动教学模式的实施也呈现出非常明显的不同，教师必须充分了解中学体育阶段互动教学的特异性才能在实践的过程中充分发挥互动教学模式的作用。

第一节　中学体育课堂有效互动的基本概念

一、互动

所谓互动就是两个客观存在的对象之间的相互影响。由于互动影响之间存在着很大的不同，因此人们将互动分成了广义互动和狭义互动两种，前者指的是宇宙中一切客观物质的相互作用，后者指的是在具象化的社会场景下，人与人之间发生的不同属性、不同形式以及不同程度的相互作用。最早提出互动这一概念的是德国的社会学家齐美尔，但是第一个对互动概念展开系统性研究的是美国社会学家 G. H. Mead。在经过一系列的研究之后，他提出互动是一种建立在语言和符号基础上的相互作用。而社会性的互动实际上指的就是以具备实际意义的象征符号为基础的行为过程。这一研究结论在当时收到了人们的广泛认可，加深了人们对互动行为的认识和了解，只是随着时代的变迁，人们接受的文化熏陶与美国社会学家 G. H. Mead 有很大的差别，他们研究、分析人类互动行为的角度以及得出的研究结论也变得更为多样，时至今日相关领域的研究人员仍然没能围绕人们的互动行为得出一个公认的研究结论，但细究起来，现存的、在学术界产生了一定影响的互动理论可以分成社会学互动理论、心理学互动理论和教育学互动理论三种，这三类理论从社会、心理以及教育三个方向对人类的互动行为进行了深层次的概括与研究。

二、人们对课堂互动的认知及课堂互动的特质

进入 21 世纪以后，人们逐渐认识到了以教师为核心的填鸭式教学方式对学生综合能力提高的限制，此消彼长，在这种情况下，以学生为教学主体以教师为教学主导的互动教学模式已经成为备受人们推崇的主流教学模式，对此教育界的专家们强调，互动是一个课堂在教育中发挥独特作用的关键，倘若没有课堂互动那么教师们就没有办法通过教学实践实现既定的教学目标。正是因为这个缘故，教育界的各个专家都围绕课堂互动展开了深入的研究，但因为研究方向存在差异，因此他们得出的研究结论无法避免地存在着较大的差异，为了让大家能对课堂互动有一个相对而言比较客观的认识，笔者将着重为大家介绍几个比较有代表的课堂互动认识，希望能对大家有所助益。

事实上较早对课堂互动行为展开研究的是西方研究者 ALLwright，他在得出研究结论之后声称课堂互动实际上就是指课堂上一切发生在不同人类主体之间的互动过程。钟启泉教授则强调课堂互动均是围绕既定的教学目标展开的，而这种教学互动的顺利推进，需要所有课堂构成元素的有机配合。夏志芳在研究之后强调除了学生和老师之间的互动外，学生与文本类学习资料、教师与文本类学习资料同样存在互动且这种互动也是课堂互动的重要组成部分。

整合各个研究者们得出的研究结论，我们可以从互动主体、互动情境以及互动对象这几个方面对课堂互动展开论述。从互动主体的角度看，教师和学生都是互动的主体，也就是说，学生与教师的互动、教师对自身教

学行为的反思以及学生们对自身学习活动的反思均属于课堂互动，从互动对象的角度看，除了学生和教师之外，课堂资料、课堂环境以及教师们为实现教学目标使用的教学应用技术。从互动情境的角度看，首先，课堂互动的顺利开展离不开特色性的互动方式与互动载体，根据人们开展课堂互动时使用的载体和方式，我们可以将课堂互动行为分成认知互动行为、情感互动行为、语言互动行为等多种类型。其次课堂互动不仅是多种多样的，还是连续不断的，课堂上每时每刻都有互动行为的发生。从互动效果的角度看，互动既有可能对人们产生积极的影响，也有可能对人们产生消极不利的影响。对现有的课堂模式进行优化改革使得课堂互动能够切实改良学生的学习行为和学习心理。且能对教师们的教学行为和教学心理产生积极的作用。需要强调的是，推动互动教学课堂建设的人要想真正实现互动教学课堂的普及，并充分发挥互动教学模式对学习效果的积极影响，相关人员必须保证教育改革的彻底性，切忌流于形式。

三、课堂有效互动的标准

人们开展课堂互动的根本目的是通过课堂互动提高课堂效率，这就意味着在开展课堂互动的过程中，我们必须确保课堂互动的有效性，而课堂互动的有效性包含以下几个方面的内容：第一，互动后得到的课堂效果与预期效果相符。第二，人们为获得预期互动效果而付出的成本没有超过付出者的承受范围。第三，教师们为课堂互动制定出来的教学互动效果符合学生们的实际学习情况。第四，课堂上的学生们是否都能参与到互动中来，以及他们是否通过互动展开了深入细致的思考。第五，课堂上的学生以及老师是否因为互动取得了一定的收获。

四、体育课堂互动

体育课堂互动也是课堂互动的一部分，作为课堂互动的一种，它既具有和其他课堂互动相同的共性，也具有其他课堂互动所不具备的一些特点：第一，在体育课上展开的体育互动都是在室外举行的，参与体育课堂活动的师生往往具备更加广阔的活动空间。第二，除了语言之外，动作甚至互动者之间的距离都会成为体育课堂上的互动者进行互动的载体。

了解了课堂体育互动与其他互动类型的不同之处，我们再来了解一下体育课堂互动的有效性。判断体育课堂是否具有有效性的标准是看学生与教师们在体育课上展开互动之后学生们的专业课水平是否得到提高，更具体地说，是看学生对于健康知识和运动知识的了解是否因其参与了体育课上的课程互动而有所提高、学生们的身体健康情况是否因为课堂互动的开展而所改善、学生们对体育活动的重视程度是否因为其参与了体育课堂互动而有所增加。而要判断发生在体育课堂的互动行为是否有效率，相关人员必须了解相关人员未取得互动效果付出的努力是否对得起其付出的精力。

了解了与互动效率相关的内容我们再来了解一下何为课堂互动效益，课堂互动效益实际上指的是人们通过课堂互动的效果与相关人员预期的效果是否具有一致性。具体到体育互动课堂上，则是指学生是否通过体育课堂上的互动获得了相应的体育健康知识和社会知识，部分体育互动课堂的分析者习惯于用学生们参与课堂互动时间的长短以及学生们参与体育互动时的精神样貌来判断体育互动课堂的效益，这实际上是不合理的，实践已经证明，在部分体育互动课堂上，虽然学生们都因为体育互动而满心欢喜，但是他们所掌握的与体育相关的知识和能力并未因参与体育互动而有所增加，人们通常会将这样的体育课堂互动称为无效互动和低效互动，在实践的过程中，相关人员必须避免自己的课堂互动变成这样的低效互动，才能让体育互动课堂真正具备存在的价值。

了解了体育互动课堂对于有效性和体育互动课堂效益的追求，我们再来了解一下体育课堂互动的顺序。中学体育教师要想打造出一个完整、合格的体育互动课堂就必须按顺序完成互动设计、互动实施、互动结果与互动反思四个步骤，只有确保这四个步骤都是切实有效的，中学体育互动教学模式才能提高学生在体育课上的教学效率。需要强调的是，要想让体育课堂的互动达到能让学生们满意的程度，相关人员就必须确保互动设计的科学性，而科学的互动设计实际上指的是全面的、贴合实际的互动设计。从互动实施这一方面来看，要判断体育课堂互动实施是不是有效主要是看老师和学生是否能以饱满的热情参与到设计出来的互动环节中去，是否班级中的学生都成了中学体育课堂互动的参与者，在互动的过程中，教师是否将自己与学生们置于平等的地位上。体育教师和学生们的互动究竟是流于形式的浅层次的互动还是能对学生的学识修养产生重大积极影响的深层次互动，老师与学生共同构造的体育课堂环境是否是融洽、和睦的。老师在互动课堂上设置的内容是否符合时代对中学生体育课堂的要求，老师们在设置互动课堂的时候是否恰到好处地运用课堂上现有的资源，等等。只有老师在这几个方面满足社会对体育教育及中学体育互动课堂的要求，他们的互动课堂实施过程才是有效的。从体育课堂互动结果的有效性来看。判断体育课堂互动结果是否有效主要是看互动体育课堂是否能对学生的深入发展产生积极的影响，具体来说，是看经过一定的中学体育课堂互动之后，学生对健康知识运动技能的掌握是否更加深入、其社会适应能力、心智以及社会价值观念是否变得比之前更加成熟。从互动反思的有效性来看，教师及学生对互动教学模式进行反思的根本目的是通过反思对固有的互动教学模式进行修改，从而使得互动教学模式在各个方面都符合社会及学生对互动教学模式的要求，而要实现这一点，教师们在进行课堂反思的时候必须慎重考虑自己制定出来的课堂互动环节是否像自己想象的那样能够激发学生们的兴趣且能够达到自己预期的目标。

总而言之，确保中学体育互动课堂的有效性，使得学生们能够在互动教学模式的影响下掌握更多的体育知识及思想道德品质，是相关人员构建中学体育互动教育课堂的终极目标，而要想实现这个目标，相关人员必须保证互动设计、互动实践、互动结果以及互动反思的有效性。

第二节 中学体育课堂互动的基本原则

中学体育课堂有效互动原则就是协助中学体育课堂上的老师与学生、学生与学生采取互动行为的重要依据。这一依据在很大程度上展现了中学生体育教学目标对中学体育互动环节的设置提出的要求。是介于中学体育课程理论性指导与实践标准之间的一种理论性产物，如果没有它的存在，人们就很难从与中学体育互动课堂相关的理论中总结出构建中学体育互动课堂的实践性原则。需要强调的是，中学体育课堂互动的基础原则非但为人们构建中学体育互动课堂指明了方向，还对人们构建中学体育互动课堂的行为起到了一定的限制作用，这种限制作用对中学体育互动课堂的构建能产生不可替代的重要作用，因此笔者将着重为大家介绍与中学体育互动课堂相关的原则，希望能对在中学任职的体育教师产生一定的帮助。

一、主体性原则

教师和学生都是中学体育课堂的重要主体，人们是否能真正打造出符合人们期待的中学体育互动课堂深受这两个主体的影响，主体性原则是人们构建中学体育互动课堂时，必须遵循的一个首要原则。该原则主要包括两个方面。一方面主体原则要求中学体育课的教师在构建中学体育互动课堂的过程中充分发挥自己的主观能动性。了解、剖析中学体育教材中包含的精华部分、掌握互联网背景下各种可供中学生使用的教学资料、了解不同学生进行体育锻炼的水平，并根据这部分内容设置出符合中学体育教学要求及学生学习阶段的中学体育互动环节，并根据自身利用该体育互动环节所取得的学习效果进行有效的互动结果反思，而后根据反思的结果对现有的中学体育课堂互动模式进行调整，使该模式始终具有科学性和可行性。另一方面，调查结果已经证明，学生学习的主动性是影响中学体育课堂互动效果的重要因素，如果在体育课堂上，学生们只一味做课堂知识的被动接受者不肯发挥自己学习、探究知识的主动性，则教师们构建出来的互动体育课堂势必无法发挥自身的重要性。因此中学体育互动教学的主体性原则要求教师们将学生放在与自己相同的位置上，点燃他们自觉学习体育知识的热情，使他们能在学习的过程中充分发挥自身的创造性学习能力，从而促进自我发展。

二、民主平等原则

良好的师生关系是任课老师与学生在课堂上开展有效互动的基础，如果师生关系不睦，课堂上缺乏良好的教学氛围，那么不管教师们动用多少教学资源都没有办法达成预期的教学活动目标，在这种情况下，民主平等原则自然而然成了人们构建互动教学课堂时必须遵守的一项基本原则，需要强调的是，这里所说的民主平等原则指的是师生之间、不同的学生之间能建立良好的关系，共同探讨研究在体育课上遇到的问题，从而真正实现教学相长互相促进。

三、有效性原则

我们不是为了更新教学模式而开设中学体育互动教学模式，而是为了达成更好的教学目标才开设互动教学模式，因此在开设互动教学模式时，中学体育教师必须遵循有效性原则，避免做出无用功。需要强调的是，有效性原则要求相关人员按照互动设计有效性、互动实施的时效性以及互动结果有效性对中学体育互动课程进行规划。

四、正确对待不同学生之间的差异

众所周知，凡是健康人都具备语言能力、视觉能力、逻辑能力、肢体能力、音乐能力、人际关系能力、自我反思能力以及自我观察能力这八种能力，但是人们总是在某几方面表现得突出而在另外几方面表现得较差，且不同人在智力方面的长处和短处实际上有很大的不同。这种不同导致他们在练习各种不同的运动时也展现出了不同的优势及弱势。此外，由于生长环境及文化背景有很大的不同，学生们对同一样体育运动的态度和看法也有很大的不同，如果中学体育课堂互动模式的构建者无视学生们在智力等多个方面的差异，只知道机械地用同样的体育运动标准要求学生，则学生们很有可能因为自己在某一项体能训练中的弱势而陷入困境，他们区别于他人的运动优势也很难获得发展的机会，因此在构建中学体育互动课堂时，相关人员必须注重不同的学生在运动过程中表现出来的特异性，并根据他们采取的特异性采取针对性的互动教育方式，从而使得他们的优势能够得到充分的展示，进而变为他们的长处。

五、情感原则

相关资料证明，人们要想通过互动帮助学生们树立正确的、围绕着体育运动形成的价值观念，靠纯粹的知识性交流是远远不够的，教师们必须与学生们进行推心置腹的情感交流，让学生们发自内心地认同自身的教育观念积极参与到体育活动中来，中学体育互动才能在中学生的综合发展中起到积极的作用。

六、遵循发展性原则

现阶段人们都将发展性原则作为相关人员构建中学体育互动课堂时必须遵循的一项基本原则，该原则要求相关的体育教师将促进中学生综合素质的提升作为构建中学体育课堂互动模式的重要原则。与此同时，教师也要不断提升自己的专业水平，使自己也能在师生间的互动中收益。

第三节　互动教学模式的影响因素

随着新课程改革的深入发展，人们对互动教学这一教学模式的重视程度也在不断增加，然而构建互动教学模式并不是一件轻而易举的事，具体来说，这种互动教学模式的构建并不是一件非常轻松的事情，它的成功构建离不开各中学课堂体育参与者的帮助，因此笔者将着重为大家分析影响中学体育课堂互动模式构建的几个重要因素，希望能对大家有所助益。

一、影响体育课堂互动模式构建的重要因素

（一）教师方面因素

事实已经证明，教师的教学水平是影响教学效果的一个重要因素，为此教育界的相关人士将教师分成有效教师和无效教师两类，将他们取得的教学效果也分成有效教学和无效教学两类，如果教师们不具备指导学生了解体育知识、掌握体育技能的专业素养，就没有办法构建出适合人们使用的互动教育课堂，因此关注教师对中学体育互动教学课堂造成的影响对中学体育互动课堂的构建者而言是十分必要的，需要强调的是，除了专业知识外，中学体育教师秉持的教学理念、在教学过程中使用的教学方法、中学体育教师对学生们的了解程度、教师与学生们互动的分寸和方式方法都会影响互动课堂的构建效果，相关负责人必须充分了解这一点才能协助教师构建出良好的互动教育课堂来。

（二）学生方面因素

随着教学研究和教学改革的不断深入，学生这一课堂参与主体对于体育课教学效果的影响也变得愈发明显，且互动教学模式本身就是一种以学生的情况为核心的教学模式，故而相关人员要想构建出能对学生的体育教育产生良好效果的互动教学模式就必须关注中学生对中学体育互动课堂构建的影响，需要强调的是，尽管从客观上来看，学生们的努力程度是决定其学习效果的关键因素，但是兴趣才是最好的老师，也是学生们掌握、了解一类知识的最大动力，这也就意味着，相关人员要想构建符合国家要求的中学体育互动教育课堂就必须想办法充分调动学生们的兴趣爱好，让他

们能够积极主动地成为体育课的参与者及构建者。

（三）课堂环境因素的影响

课堂环境是影响互动教学模式成效的一个重要因素，而课堂环境不光是指互动课堂上的师生对彼此的了解、与体育课程相关的基础设施等狭义因素。还包括学校内其他影响中学体育课互动模式构建的其他外在因素，故此，相关人员要想避免互动教学模式取得的效果因为课堂环境不佳而大打折扣就必须全面了解可能会对互动教学模式产生影响的因素，实现对症下药。

（四）缺乏良好的互动活动方式

事实上随着教育理念的不断更新，当代的中学体育教师们也十分了解调动学生积极性与学生展开充分的互动对中学体育教学效果的积极影响，只是教师们所了解的与学生互动的方法大多是在书本上学来的，落到实践上总会遇到一些意想不到的麻烦，举例来说，虽然能在体育课堂上使用的调动学生们参与积极性的内容并不算少，但是如何让一个班级数十人都积极参与到为调动学生积极性而组织的集体活动中去始终是一个难以解答的问题，而这也势必会对中学体育课堂互动教学模式作用的发挥产生极为不利的影响。

二、应对体育互动课堂影响因素的有效策略

教师、学生（尤其是学生的积极性）、课堂环境都会影响中学体育互动课堂的效果。在这种情况下，相关人员要想搭建出能切实提高学生综合素质的有效策略就必须从教师、学生、课堂环境这三个方面入手，采取适当的应对之策。从教师这一主体的角度看，众所周知，体育教师是影响互动教学模式成败的一个关键因素，因此要想构建以体育课堂为核心的互动教学模式教师必须做到以下几点：

第一，转变教学观念，正视互动式教学模式对教学的重要性，正确的

态度是教师做一件事情成功的基础，正是因为这个缘故，适当转变自己的教学观念从内心深入接受互动体育教学模式是教师们必须做到的，需要强调的是，凡事都是上行下效，要想让任课教师们转变自己的教学理念切实践行此种观念，那么学校的各级领导就应当起到带头作用，利用精神和物质上的激励充分调动教师们转变教学观念优化教学模式的积极性和主动性。使得互动教学模式真的能在学校中推行起来。

第二，教师要根据学生的实际情况制定相应的教学目标，正如我们所了解的那样，一个科学可行的教学目标是教学模式得以切实实现的一个重要元素。

根据中学体育课程的特点制定一个科学可行的教学目标是教师们在中学体育课堂上实施互动教学模式的一个重要前提。相关人员要想制定出科学的教学目标就必须在制定教学目标的时候遵循以下几个重要原则：

第一，明确性原则。教学目标的作用是为老师和学生们在教学实践中的所作所为提供一个恰当的依据。目标是教师预期学生的学习结果，带有很大的主观性，在教学过程中，如发现有未预料的变化，应及时调整目标，不要将它视为神圣不可变更的东西。

第二，充分发挥教师在教学过程中起到的主导作用。教与学是教师与学生的双边活动。学生是学习的主人，是学习的主体，是决定他们是否能学好的内在因素。学生要在数学活动中获取数学基础知识，形成基本的数学技能，把这些基本知识和基本技能转化成数学能力，从而不断地发展自己的智力。虽说教学的主体是学生，但是，光有学生这个主体不行，还必须有以教师为主导的教。一般来说，教师教得好，学生也就学得好。而教师主导作用发挥如何，直接影响到学生的积极性和自觉性发挥的程度，又可检查教师主导作用发挥的如何。在体育课中如何充分发挥教师的主导作用和学生的主体作用，关键是在教学中将主导与主体有机地结合起来，也就是在教师主导作用充分发挥的前提下，使学生学习的主动性、积极性、创造性充分发挥出来。教师的主导作用与学生的主体作用相结合是实现教学目的重要途径，在教学中，教师的主导作用发挥得越充分，越能调动学生学习的积极性和主动性，而学生的主体地位发挥得越充分，就越能体现教师的主导作用。两者相结合、相辅相成，有利于全面提高教学质量，提高学生的素质。

第三，吸收他人经验，促进自身修养。苏霍姆林斯基写有这么一段话："学习别人的教育经验是一件很复杂的事，它是一种创造！……要知道，学习优秀经验，并不是把个别的方法和方式机械地搬用到自己的工作中，而是要移植其中的思想。向优秀的教师学习，应当取得某种信念。"教师要有一双善辨的双眼，善于观察，能从别的教师的举手投足之间，从他的学生的说话、写字之中，洞察到他的经验痕迹。学习别人的经验，在与自己的思想、行为的对比碰撞中去取人之长，补己之短。

第三章　提升中学体育课堂
有效互动的有效方法

尽管互动教学模式对于中学体育课堂的优化能产生非常积极的影响，但是如果在中学体育课堂上实践互动教学模式的教师并未能在学校中设计出一个符合中学生课堂需要的互动教学模式，则中学生的体育学习效率并不会因为互动教学模式的实施而获得明显的提高，因此有意使用互动教学模式来完成自己教学任务的教师必须通过设计教学模式、进行教学反思等多方面的努力确保自己构建的互动教学模式能够满足教学实践对互动教学模式的要求。

第一节　提升中学体育课堂有效互动的基础保障措施

多年以来，体育界的专家学者和实践者一直在探索能够提升中学体育课堂有效互动的基础保障措施究竟有哪些。对于中学体育互动课堂的基础保障的定义，学术界虽然有各种各样的说法，但总体来看却是大同小异的。具体来说，所有研究中学体育互动课堂的专家都认为所谓的中学体育互动课堂的保障实际上是特定的主体——教师，为了实现预想中的互动效果而采取的一些有计划的具备可行性与科学性的措施。需要强调的是，要想让互动式的中学体育课堂发挥出预想中的作用，相关人员必须做到以下几点：

第一，为互动式中学体育课堂的构建提供大量的物质保障。经济条件是上层建设的基础，倘若没有足够的物质条件做支撑，不管教师和其他工作人员的设想有多么完美都不可能让互动式体育课堂真正发挥出自己的作用。故而为互动式中学体育课堂提供充分的物质支撑是保障互动式中学体育课堂成为中学生综合发展助力的一项重要保障。需要强调的是，为互动式中学体育课堂提供物质保障不仅是校方的责任，也是社会大众和政府的责任，因此除了学校要在不影响正常运转的情况下适当加大对学校体育设施构建的投入之外，政府和社会大众也应当为学校体育设施和体育训练场地的更新提供一定的物质支撑，这是互动式体育课堂为国家提供更多专业化、经营化、全面化体育人才的关键。

第二，加强师资力量建设，确保中学体育课教师拥有设置、调节互动式体育课堂的能力，从而增强互动式体育课堂的教学效果。众所周知，教师是影响互动式中学体育课堂教学效果的关键因素，倘若教师们不能根据学生的需要设置、调整互动式体育课堂，则互动式体育课堂无论如何也无法达到其提出者和倡议者希望达到的教学效果，也正是因为这个缘故，加强中学体育教师团队的建设，使得教师们能够成为体育教学互动环节的设置者、学生们的有效引导者，是保障中学体育互动课堂的又一重要举措。

第三，制定一定的奖罚措施，提升教师们钻研互动式中学体育教学模式的积极性。人们做一件事情总需要一定的动力，如果没有了动力则人们做起事情来总是拖拖拉拉瞻前顾后，因此在打造教师队伍的过程中相关人员必须给那些在互动式体育教学模式中出力较多、积极性更足的体育教师提供适当的奖励，这对提高教师们接触、了解互动式体育课堂的积极性，具有非常重要的现实意义。

第四，重视班级凝聚力，让学生们能切实树立合作的意识。学生是互动式中学体育课堂的重要主体，倘若学生们不能发自内心地认同互动式教学模式、积极地与老师和同学展开互动，则互动式体育课堂始终没有办法发挥自身的重要作用。在培育良好的中学体育教师团队时，相关人员必须设置相应的人才管理举措，避免教师们因为缺乏动力而不愿意使用互动式中学体育模式对传统的教学模式进行改良。

第二节　提升中学体育课堂有效互动的设计方案

如果一个人在做一件事情的时候没有做好充足的准备，那么这个人在做这件事情的时候就会承担失败的风险。构建互动式中学体育课堂也不例外，正是因为这个缘故，体育教师们必须在参与互动式中学体育课堂之前，完成中学体育互动课堂的设计工作。需要强调的是，要想设计出令课堂上的中学生都能认同接受的互动环节，教师们必须做到以下几点：

第一，深入分析学生对体育课程的需要，避免自身设计出来的体育互动环节与学生们的实际情况脱节。与其他的课堂形式一样，互动式的中学体育课堂归根究底是为学生们服务的，也是因为这个缘故，分析学生们的需要是设计互动式体育课堂的一个重要举措。需要强调的是，在调查学生需求的时候，体育教师不能盲目采取行动，而必须在采取实践活动的时候做到有针对性。

第二，充分利用体育教材。体育教材是中学生了解体育知识的重要依据，也是中学体育教师开设互动式中学体育课程时的重要依据，如果中学体育教师不能善用体育教材在实践中发挥出其本应发挥的作用，则很难确保互动式的中学体育课程能取得非常好的效果，也正是因为这个缘故，对学校颁发的体育教材有一个正确的认识和分析是互动式体育课堂的任教老师设置中学体育课互动环节时必须完成的重要任务。

第三，制定科学可行的体育课堂互动目标。目标既是人们参与社会活动的指明灯，也是人们做一件事情的根源。正是因为目标肩负着非常重要的功能，因此中学体育教师必须保证中学体育课堂目标的科学性及社会适应性，才能让互动式中学体育课堂取得预想中的教学效果，需要强调的是，从中学体育课堂构建的角度来看，科学的课堂目标实际上指的是那些尊重学生情感、符合学生认知水平且充分考虑到学生运动能力的课堂目标。而具备可行性的目标实际上指的是那些学生在现阶段无法达成但是可以通过一定的努力实现的目标，需要强调的是，这里所说的努力往往是不会给学生造成过重负担的努力，如果教师们设置的教学目标需要学生们付出过于沉重的代价才能实现，或者即使学生们付出极大的努力仍然没有办法实现教学目标，则我们就说该教学目标是不具有可行性的目标。举例来说，如果中学体育教师们设置的互动教学目标是让学生们通过在互动课堂上的学习掌握太极拳的入门内容，则我们可以说中学体育教师为互动式体育课堂设置的目标是可行的，反之如果教师们给刚刚学习接触太极拳的学生设置的目标是通过一学期的学习掌握能够超越太极拳国手的实力，那么我们可以断定这种课堂目标不具有可行性，在筹备中学体育课堂互动环节的过程中，相关人员必须根据中学体育课堂的相关情况来制定最具可行性的中学体育课堂互动目标，以免互动目标与实际情况之间存在较大的差异。

第四，在设计中学体育课堂互动环节时相关人员必须对互动内容进行恰当的选择。中学体育课堂互动内容的趣味性是影响学生互动积极性的最主要因素，而现阶段，大多数中学体育教师在选择互动内容时都忽视了中学生们对体育运动的兴趣和爱好，将毕业时的体育考试作为选择课堂互动内容的唯一准则，事实已经证明，这种做法极大遏制了学生们参加体育课堂互动的乐趣，不利于互动式体育课堂作用的发挥，在这种情况下，以学生们对体育运动的爱好以及学生综合发展对体育运动的需要为依据，慎重选择学生们在互动过程中可采取的内容，保证自己选择出来的内容能够切实成为学生们参与互动行为的重要动力。

第五，完备的体育设施是学生们参与某一项体育活动的前提。如果教师安排学生们集体参与某一项体育活动，但学校内为该项运动所准备的器械却不足以让一个班级的所有学生都参与到该项体育活动中来，那么教师安排的互动内容绝对不能帮助学生们有所提升。正是因为这个缘故，在选择互动内容时相关教师必须充分考虑学校的器械设备能否支撑体育运动的顺利进行，这不光能避免学生们因为器械不足而游离于互动之外，还能避免学生因为争抢运动器械而发生冲突，是教师们挑选互动内容必须遵守的一项重要原则。

第六，相关人员要适当地对内容展开更新。内容过于陈旧和僵化是导致学生们在互动的过程中失去耐心的一个重要原因，因此对互动内容进行更新也是相关教师在参与互动的过程中必须完成的任务。

第七，安排合理的体育课堂互动策略。互动环节的实际设立过程是中学体育教师打造体育互动环节的一个重要依据，如果没有设计互动环节这一实际过程，那么与体育课堂互动相关的一系列设计都只是纸上谈兵，因此恰到好处地完成互动环节的设计也是相关人员必须完成的一项重要任务。需要强调的是，体育互动环节的设计是由宏观设计和微观设计共同构成的，且与一般的互动设计环节相比，教师们为体育互动设计的环节要更为烦琐复杂，这是因为在其他文化课上，不管教师设计互动环节的目的是为了帮助学生们复习已经学习过的那部分内容，还是为了帮助学生们了解学习新的内容，需要他们设置的互动环节都没有太大的区别。但是在互动式体育课上，人们对互动环节的设置必须根据设置课堂互动环节的目的、具体的授课内容、学校体育场上陈放的多种体育器材来决定，这是人们创设互动式中学体育课堂环节的关键。在创设互动环节的过程中中学体育教师必须关注这一点才能确保自己设置的互动式中学体育课堂是合理可靠的。

第三节　提升中学体育课堂有效互动
效果时的有效反思策略

早在春秋时期我国的著名哲学家曾子就提出过做人必须三省吾身，从而审查自己的所作所为是否恰当，保证自己的所作所为都不违背相应的道德规范，而事实上不但做人需要遵照这样的原则，做事时人们也需要不断反省自己做事时的步骤是否符合自己的需要。在构建互动式体育课堂的过程中，人们同样需要不断反思自己的所作所为是否符合相关的规定，只是每件事情都有自己独特的特性，因此每件事情对人们的反思提出的要求也有很大的区别，相关的工作人员只有了解这些区别，确保自己的反思真正有益于互动式中学体育课程的优化发展。在构建互动式中学体育课堂的过程中相关人员必须反思以下几部分的内容。

第一，针对中学体育互动课堂展开的设计。备课是一个老师构建高效课堂的基础，如果老师们备课时的工作做得不到位，那么不管在授课以及课后指导这两个方面做得有多么的到位，都很难取得理想的教学效果，正是因为这个缘故，在反思互动式中学体育课程时相关人员必须首先对自己的课前准备情况也就是互动中学体育课程的预先设计情况进行适当的反思，从而确保反思的有效性。

第二，反思自己实施既定的互动课堂设计方案时是否存在纰漏。如果设计好的方案无法获得良好的执行，那么无论教师们设计出来的内容究竟有多完美相关人员也不可能凭借自己设计出的互动式中学体育教学方案获得理想中的教学效果。正是因为这个缘故反思自己在执行互动式课堂设计方案时的表现是中学教师通过反思对既定的课堂教学设计进行优化的一个必行之举，需要强调的是，像反思自己对课堂的设计时一样，相关人员要想确保自己的反思结果能切实成为优化互动式中学体育课堂设计的助力就必须有针对性地进行反思，具体来说，在反思人们执行中学体育互动过程时相关人员必须做到相关的工作人员只有了解这些区别，确保自己的反思真正有益于互动式中学体育课程的优化发展。

第四章　中学体育课堂有效互动模式的特殊性及其存在价值

毫无疑问，互动教学模式具有无可比拟的优越性。但是由于中学体育课堂有自己独有的特点，因此互动教学模式在中学体育教学实践中体现出来的作用也有其特殊性。了解互动教学模式在中学体育课堂上所表现出的特殊价值对于提高教师们在课堂上实践互动教学模式的积极性是十分有利的。在分析并应用该模式的特殊性时，教师们不能忘记中学体育课堂与其他阶段课堂的共性，也不能忘记互动教学模式与传统教学模式的共性，假如教师们为了求异而求异，那么互动教学模式在中学体育课堂上的应用注定是不可能发挥其应有效果的。

第一节　中学体育课堂有效互动实践的特色

中学体育互动课堂既有其共性又有其特殊性。同样的，作为众多互动课堂中的一种，中学体育互动课堂既有与其他互动课堂的相似之处，又有与其他互动课堂非常不同之处。不仅如此，高效互动课堂与低效互动课堂之间也具有非常明显的差异。在这种情况下，深入了解中学体育课堂有效互动实践特征，对于中学体育教师实现既定的中学体育课堂互动教学目标，优化互动式中学体育课堂具有非常重要的现实意义。

一、互为主动性与公平性交融

中学体育互动课堂要求教师与学生们在平等的位置上进行交流，教师不能将自己放在高于学生的教育位置上对学生提出要求，而要充分考虑学生对学习过程甚至是教师教学方法的要求，这是互动式中学体育课堂与传统体育课堂最大的区别之一。具体来说，传统的体育教学理论认为，体育教师有操控、改造课堂上一切对象的权利，换言之，学生也是体育教师们可以操控的对象。在这一教学理论的引导下，教师在参与教学实践时，会不自觉地将自己当成是课堂的主宰者，使用强制性的方法向学生们灌输各种各样的知识，此种举动非但无法与学生们建立亲密友好的师生关系，还会降低学生们学习、吸收知识的效率。而在互动式体育互动课堂上，体育教师不再将自己视作是高高在上的主宰者，而会将自己视作学生们的合作者与指引者，在做出教学决定时，充分了解学生们的意愿以及接受能力，这对打造融洽的师生关系，提高学生们的学习效率具有非常重要的现实意义。需要强调的是，除了将学生与老师放在平等位置上的主体间性之外，平等性也是中学体育互动课堂的一个重要特质。这里所说的平等性指的是平等对待每一个学生，正如我们所了解的那样，人总是偏心的，作为体育教师，教师们总是更加喜欢那些运动水平较高或是在其组织的各项体育赛事中表现较好的学生，将更多的关注度放在这些学生们的身上，而对于那些运动水平较差的学生则缺乏关注甚至忽视和轻视，这是传统体育课程的一个重要不足之处，而互动式体育课程平等对待每一个学生，即使教师们面对的是那些体育运动能力相对较差的学生，教师们也会根据这些学生自身的特点为他们提供良好的、适合他们能力发展情况的特色性体育训练，使他们的体育水平也能在原有的基础上获得相应的提升。这是让中学体育互动课堂发挥自身重要作用的一个重要途径。

二、中学体育互动课堂兼具交互性与连续性

顾名思义，互动是两个互动对象之间的相互作用。两个互动对象通常是相互影响相互作用的，换言之，如果处在社会环境中的某一人做出了一些举措，则与之存在互动关系的人必然也会调整自己的作为，举例来说，当学生因老师传授的知识而感到迷惑时，他们通常会露出迷茫的神情或者

是利用课间的时间向老师们请教问题，在这种情况下，教师们会根据学生们对知识的了解程度和掌握程度对自己的讲课进度和讲课方式进行适当的调整，这就是我们所说的互动。需要强调的是，处在社会环境中的个体不可能完全规避他人对自己生活的影响，换言之，如果没有其他人直接、间接的协助则个体无法在社会中生存。故此我们说互动是个体在社会中存在的基础，如果没有互动就没有社会，而体育课堂从根本上看也是社会重要的表现形式之一，某种程度上来说，课堂也是一个小型社会，在这种情况下，充分发挥交互性的作用也是体育课堂发挥自身作用的一个重要前提，而在互动型的体育课堂诞生之前，传统体育教师会直接将需要自己讲述的知识一股脑传递给学生，并要求学生严格按照自己讲述的内容行事，这种单方面的控制对学生们的体育学习将会产生一定的不良影响，而在互动式的中学体育课堂上教师们会拉近自己与学生的距离，在课堂上积极与学生们展开互动。而这对提高中学体育互动课堂的教学效率能产生非常积极的影响，这种积极影响主要体现在以下两个方面：首先中学教师在课堂上与学生进行互动能让学生发自内心地对自己产生认同感，而这种认同感能让体育老师具有的技能与才华对学生们产生更深的影响。其次，中学教师频繁地与学生们进行交流自然会对他们每个人的体育运动水平更加了解，而这对他们因材施教为学生们提供更具针对性的教育能产生非常积极的作用。需要强调的是，学生与教师之间的相互影响并不是短暂的，这种影响贯穿了教师与学生在校内共同经历的每一堂体育课，在这种持续性的相互影响下，不管是学生还是老师都会不断调整自己在中学体育互动课堂上的表现，以求自己的表现能与自己在互动中所处的位置相匹配，这对学生们工作水平的最终提高能产生非同一般的重要作用。

三、在中学体育互动课堂上非言语行动以及情感对良好课堂效果的产生具有非常重要的现实意义

事实上，教育界的专家们早已发现教师们开展教学实践的过程事实上

就是教师们与学生进行交流的过程，然而，提到师生间的交流，我国教育家们通常只关注言语表达对师生交流产生的影响，忽视了那些非语言类的信息传递方式对学生们的学习效果产生的影响，但事实上，非语言类的信息传递方式同样能对学生们学业水平的提高产生不可忽视的积极影响。1970 年，非语言行为专家伯特威斯特为这一说法提供了佐证，他向社会颁布的调查结果显示，在人们互动的过程中只有少部分信息是靠语言传递出来的，其余的都是人们通过对象的表现意会出来的内容。这一研究结果使得国内外不少学者都开始关注非语言行为在人们的互动过程中产生的作用。中学体育课程十分看重学生的运动能力和运动技巧，正是因为这个缘故，尽可能地精简叙述性的内容，让学生们能用更多的课堂时间来练习课堂上提到的运动技能也是体育教师教学的一个重要原则，而在此过程中教师势必要帮助学生掌握运动技能，而相关的调查研究已经证明，在此过程中，眼神、手势以及学生在交流时表现出来的态度，对提高学生上体育课的热情和课堂内容对学生们的吸引力、突出教学过程中需要重点讲解的一系列重点、提高课堂时间的利用效率能产生非同一般的重要影响。而中学体育教师往往能在实践中对此产生充分的认识，故而在教学的过程中他们时常利用手势动作来完成知识传递的过程。我们可以说，以非语言载体传递信息完成师生互动也是互动型中学体育课程所具备的一个重要特征。除了以非语言行为传递信息之外，具有非常明显的情感特征也是中学体育互动课堂的一个重要特征。教师要想保证在课堂上与学生开展有效互动就必须通过日常交流与学生结下深厚的师生情谊，让自己与学生能够在日常一些事宜上产生情感共鸣，从而形成更加融洽的合作关系。与其他课堂相比，体育互动课程中包含的情感倾向更为明显，这是因为除了体育课堂之外的一系列文化课程都是以认知性知识为主的，而认知性知识的阐述和讲解离不开思维的引导，教师们必须引导学生培养起能够解决问题的理性思维才能让学生了解知识、吃透知识，因此教师们势必要将绝大多数的时间都用在学生思维观念的培养上，将感情培养放在次要的位置上。而体育教师需要在体育课上教授给学生们的知识均属于操作性的知识，而要让学生掌握这种操作性的知识不仅需要培养学生的知识思维能力，还要给予学生们相应的情感鼓励，让他们能够坚持完成对他们而言具有一定难度的体育操作。举例来说，在参加长跑比赛时经常有学生在比赛途中因为体力不支而落后甚至是萌生出想要退出比赛的念头，这个时候就需要老师及同学们的情感鼓励帮助他们完成需要完成的体育运动。这种情感鼓励对体育课上的学生们产生的影响甚至超过思维模式构建对学生产生的影响。因此我们可以说突出的情感特征是中学生互动式体育课的重要特征之一，这一特征足可证明，参与互动式体育课堂对于学生而言不光是一个学习运动技能和运动知识的过程，也是一个与老师和其他同学进行情感沟通的重要过程。

总而言之，具有非语言行为作用和情感突出性也是中学体育课堂与其他课堂非常明显的一个不同之处，其中非语言行为特征是显性的，很容易被人们观察到的，但是情感特征是隐形的经常被人们所忽视，在这种情况下关注情感特征也是中学互动课堂的体育教师必须完成的一个重要任务。

四、组织化与非组织化合二为一

在体育课上，学生们既会参与一些由老师组织起来的活动，又会参与一些不是由老师们组织起来的活动，例如与三五同窗共同参与一场酣畅淋漓的篮球比赛，或是在足球场上欢度竞技时光，这些都是学生们利用中学体育互动课堂上的自由活动时间自发开展的组织活动，因此我们可以说，中学生互动式的体育课堂既具有组织特征也具有非组织特征，前者对于教师们掌控课堂情况，系统性地对学生们展开运动训练具有非常重要的现实意义，但不利于从情感上拉近学生与老师的距离，对塑造学生的良好心态提高他们的适应能力也会产生不利的影响。后者对学生们提高自身的运动技能、建立良好的心态和良好的人际关系是非常有利的，但这种非组织性的互动与课堂上所传授知识的相关程度较低。如果中学体育教师在组织互动课堂时只关注课堂的组织互动原则，忽视了课堂的非组织互动原则，则很难实现提高体育生综合素质的要求，反之也一样，因此在组织中学生互动体育课堂时，体育教师必须将组织化原则与非组织化原则放在平等的位置上，灵活发挥这两个组织化原则的作用，从而实现教学效果的最优化。

五、多样化、合理化与高效性共存

在文化课上，只有教师、班级中的某个特定学生以及班级中的学生群体有资格参与课堂上的互动环节。而在互动型的课堂上，互动基本上是在教师和班级中的所有学生以及教师和班级中的某个特定学生之间展开的，换言之，在互动式的体育课堂上教师们很少与由多个学生构成的学生小组进行合作，各个学生小组间的交流也相对较少。除此之外，按照传统教育理念建立起来的课堂往往将语言作为信息传递的载体，且在信息传递的过程中信源的角色始终由教师担任，但是在互动型的中学体育课堂上教师与学生将非语言的行为当成和语言行为一致的传递信息的重要工具，认为缺乏非语言式行为的互动课堂是不完整的互动课堂，且在互动式的体育课堂上教师与学生都可以充当信息源这一重要角色，且两者充当信息源的次数相差无几，通常取决于具体的互动情境，这也是互动型的中学体育课堂与普通中学体育课堂之间存在的一个较大差异。需要强调的是，在普通的教学体系中，老师与学生的角色是固定不变的，老师永远是知识的讲授者，而学生永远是知识的倾听者，但是互动型课堂要求教师以学生为中心，让学生在掌握课堂基础知识的前提下，提升自己的语言表达能力和逻辑思维。因此在互动型课堂上，老师经常与学生进行组织互换，要求学生通过预习或复习掌握教材中提到的专业知识，而后站到讲台上充当老师的角色向其他学生们讲授这部分知识，而老师则在讲台下充当学生的角色，向"学生老师"提出一些与课业相关的问题，看他们是否已经掌握了了解这部分内容的诀窍，并促使他们的学习能力获得一定程度上的提升。互动型体育课堂与一般体育课堂在互动形式、互动对象以及互动者扮演角色等各个方面的差异充分展现了互动型体育课所具有的丰富性，而事实已经证明，互动型体育课的丰富性与其合理性和高效性具有密不可分的关系，而互动中学体育课堂的有效性主要表现在以下几个方面：第一，在互动式的中学体育课堂上，教师们不会随意安排互动环节，而是会在学生们的学习陷入困境的情况下适当安排互动环节，从而给学生们带来一定的启发帮助他们渡过难关。第二，在中学体育互动课堂上，无论课堂上的老师与学生处在怎样的位置，他们与彼此之间的距离都是对方可以接受的，具体来说，教师们会尽可能地给予不同学生同等的关心爱护，并且让学生们享受平等的锻炼发展机会，从而切实实现让学生们都能在互动课堂上实现全方位发展的综合目标。第三，与普通中学体育课堂的内容相比，互动体育课堂在内容结构上设计得更为合理、学生们在课堂上接触到的内容符合他们对课堂内容难度以及课堂内容量的要求，对于学生们提高自己的运动技能具有非同一般的重要意义。具体来说，不管是从精神还是从身体机能的角度看，学生们都不能无限制地学习运动技能。如果他们在短时间内参与了太多运动技能的训练，他们就会因此而陷入自身无法承受的疲乏境地之中，学习效率也会大打折扣。此外，如果教师在课堂上给学生们安排的训练课程过少，则学生们没有办法利用互动课堂提升自己的能力，因此适当安排学生们的上课内容，确保学生们接触到的学习内容与他们的接受能力相符合，对于学生们而言有非同一般的重要意义，因此这也是互动型中学体育课堂合理性与高效性的重要体现。第四，在进行体育互动活动时，教师会根据互动目标的具体情况灵活调整互动的时间、互动的方式以及互动的时间间隔，从而确保互动目标的完成度。这也是互动课堂合理性的重要体现。第五，中学体育互动课堂具有非常明显的高效性。与一般体育课的任课教师不同，互动型体育课的任课教师用大量的时间来创制能让学生们感兴趣的互动环节，让学生们能专心致志地投入到自己的学习过程中去，进而缩短学习用时，在最短的时间内完成最多的学习目标。除此之外，在设置互动环节时，体育教师会保证互动内容与互动目标的紧密性，避免学生们将时间用在与互动环节没有关系的事情上，这同样能减少无用的时间浪费，提高互动课堂的办事效率。中学体育互动课程的多样性和高效性是相互影响相互成就的，相关人员应以此为依据充分调动中学体育互动课堂在这两方面的特性，方能最大限度地发挥中学体育互动课堂的作用。

六、中学体育互动课程具有预设性

充分的事前准备是一件事情取得理想效果的重要依据。如果没有事先准备，那么事情成功的积累也会因此而大大降低，故此在开展中学体育互动课程时相关人员必须注重课程规划的预设，杜绝无计划无准备的行事以免事倍功半。需要强调的是，在互动的过程中，教师与学生始终围绕教学目标展开知识的交换与交流，这种知识交流不是断断续续的而是持续发展的，也就是说中学体育互动过程从本质上来说不是静态而是动态的过程，虽然教师们能把握此互动大体的发展走向却没有办法在互动过程尚未开始之前精准把握每一个互动发展环节的基本情况。这也是互动型体育课堂所具有的重要特征之一。互动型中学体育课堂所具备的预设性使得它与普通的中学体育课堂有很大的区别。具体来说，按照传统教学理念进行教学实践的教师在设置教学环节的过程会完全按照教材中内容来设置教学互动环节，不能及时将可利用的、新的教学资源添加到互动环节当中，换言之，在传统教学理论指导下设置出来的教学互动环节往往是僵化死板的，这些教学互动环节对学生学习创造力的发展无法产生积极的影响，而在互动教学理论的指导下，教师们在设计互动体育课程时，往往会留下一定的空间，以便能根据现实情况的变化适当调整互动课堂的内容，诸如互动环节向学生提问的问法以及引导学生解决问题的方法等，这是具有弹性特征的中学体育互动课堂与普通中学体育课堂的一个重要区别。除此之外，由于中学体育教师在设计课堂互动环节时保留了大量的弹性空间，因此与普通的中学生体育课相比，互动式体育课的不确定性更强，即便老师们已经在上课之前对互动环节进行了设定也无法彻底掌控互动实践中发生的变化，且就算体育教师们给不同班级上课时设置的互动环节相差无几，两个班级的学生在互动环节的表现仍然有很大的不同，这是因为不同班级的学生对相同互动环节表现出的反馈实际上有很大的差别，在这种情况下，教师们必须切实做到因材施教根据不同班级不同学生面对互动环节做出的反馈适当调整自己设置的互动环节，进而达成自己的教学目标，与普通的体育课堂相比，互动体育课堂的这一特点无疑增加了教师们设置课堂互动模式的难度，但却有利于学生们进行创造性的知识探索与学习，故此在设置中学体育课堂时，相关的中学体育教师必须重视互动体育课的弹性特征及变化特征，使得互动型课堂能切实对学生体育运动水平的提高产生积极的影响。

第二节　中学体育课堂有效互动模式

教学模式是中学生体育互动课堂不可或缺的一部分，要构建一个能够切实提高学生学习效率的互动式体育课堂，我们就必须深入了解互动式中学体育课堂的教学模式特点。

体育教学模式就是体育研究者或实践者根据特定的体育教学理论构建的稳定教学结构和具备可行性的教学方法。需要强调的是，由于人们对体育教学的要求和期待会随着时代和社会的变迁而变迁，因此不管是教学结构的稳定性还是教学方法的可行性都不是绝对的，只有认识到这一点人们才能真正了解、建立符合时代要求的体育教学模式。

发生在互动式体育课堂上的互动行为涉及多个领域和多个层次，不仅如此，该互动行为受多个因素的共同影响，每一个因素对课堂上发生的互动实践都是有利且不可或缺的，这也就决定了互动式体育课堂中的体育模式不光与一般体育课堂中的教学模式有很多相似之处，还具有一些一般体育课堂上的教学模式所不具备的特征，这种特异性主要表现在以下几个方面：第一，在互动式体育课堂教学模式中，非语言性的信息传递方式起着非常重要的作用。第二，除了具象化的知识和技能外，抽象的情感和价值观点也是互动式体育课堂教学模式需要处理的重要对象。第三，在互动式的中学体育课堂中，教学模式实际上是一个双向的信息传递过程。互动式中学体育课堂的构建者必须了解这种互动教学模式与其他互动模式的差异性，才能构建出人们所需要的互动式教学模式。需要强调的是，除了互动式体育教学模式的特异性之外，互动式体育教学模式的组成部分也是影响互动式教学模式效果的重要因素，人们必须对这些要素展开了解。指导思想、互动过程以及具象化的互动方式就是构成互动式教学模式的重要组成，因此笔者将对这几种构成要素展开详细的介绍。

首先来看，可供教师们使用的、构建中学体育互动课堂的指导思想实际上就是中学体育课堂互动理论的重要体现。而在中学体育课堂上开展的有效互动就是互动教学的关键部分，因此我们可以说，我们所探寻的能够实现中学体育课堂有效互动的理论指导就是人们实现中学体育课堂有效教学时使用的指导理论。这一指导理论的核心是通过互动式的教学促进学生在知识层面、价值观层面、社会适应力方面的全面发展。在过去的很多年中，体育教师们在讲课的过程中都强调自身对课堂的控制能力，且其在教学的过程中采取的往往是填鸭式的教学方法。认为在教学的过程中自己只要将教学大纲中涉及的体育健康知识以及运动技巧教授给学生，则自己的教学任务就已完成，没有必要花时间与学生们开展情感上的交流。可想而知，学生们的创造性和主动性在体育课上没有办法得到充分的发挥，在课堂上的大部分时间他们只能像牵线木偶一样僵化地按照教师的指令行事。在这种情况下，很多学生虽然乐于参加体育活动却对由老师们主宰的体育课十分不感冒。这也就导致这种以单向信息传递为主的体育课程始终无法达到人们所期望的教学效果。

20 世纪 80 年代时，国内外围绕教育展开的交流互动不断增加，在交流的过程中教育界的相关人士逐渐认识到，填鸭式的教学方法完全忽视了学生作为教育的重要主体在教育过程中发挥的重要作用，不利于学生的综合发展。并根据这一认识结论提出了，尊重学生差异性将促进学生综合发展作为教育目标的重要理念。在这一重要理论的影响下，教师们强调体育互动教学的过程不但是师生展开互动的过程，还是学生与学生展开互动的过程。在开展互动教学实践时，教师们必须牢记这一点方能确保教学实践的有效性。与传统的教学观念相比这种教学观念极大地调动了教育主体对教育的积极作用，有效提升了互动式教育课堂对于学生综合发展的有效性，这意味着现代教育观念的发展进步对现代化互动体育课堂的发展能够产生非常积极的影响。除此之外，师生观也是现代化教育观念的重要组成部分，而这一教育观念强调，在教育主体间展开的交流实际上是多对多的交流，在学生与老师开展这种多对多交流的过程中。老师应当做到：第一，建立平等和睦的师生关系让学生乐于和老师交流，在轻松的交流氛围中获得自己想要的知识。第二，接受学生们的个性并针对学生的性格特点因材施教。正如我们所知道的那样，每个人都有自己独一无二的性格，而青春期的学生们彰显个性使自己的个性得到人们赏识的欲望特别的强烈，在这种情况下，教师必须做到尊重学生性格，根据学生的性格因材施教，举例来说，如果学生个性张扬性格外向，老师在对其缺点进行分析评价时可以开一些无伤大雅的玩笑来缓解因为批评给学生们造成的心理紧张感和不适感，如果学生个性比较内向，则教师们指出其缺点时应该做到循循善诱，在学生面前表现出慈和包容的一面，从而缓解此类学生因师生交流而产生的紧张感。第三，注重学生的创造力对教学实践产生的积极影响，增加学生在互动过程中传递出来的有效信息，从而提高中学体育互动教学效率。

师生互动和生生互动环节在很大程度上决定了课堂教学效果，如果没有有效的师生互动和生生互动，那么课堂的信息传递效果就会因为缺乏信息传递的途径而大打折扣，这充分体现了互动环节对教学实践的重要作用。也是因为这个缘故，我们必须对发生在课堂主体间互动环节进行深入的了解。充分发挥互动环节在中学体育课堂上的重要性，才能构建出高效的中学体育互动课堂。

　　需要强调的是，课堂互动不仅与教育主体在课堂上的表现有关，还与教学内容和教学媒介有着密不可分的关系，更具体地说，教师和同学在互动课堂上交替承担信息传递和信息接受的任务；教学内容是由具象化的知识及实践技巧以及抽象化的有效知识，例如教师们对某一件社会事件的看法以及他们为人处世的原则，等等，后者对学生造成的影响虽然无法在短时间内显现出来，但也会潜移默化地影响学生们的价值观念以及他们为人处世的态度和方法，因此也是互动课堂上重要的、不可以被忽视的信息传递内容，作为教师和学生的教育主体们必须注重这些非具象化的传播内容，从而确保课堂教学效果的综合性及多元性。从教学媒介的角度看，中学生参与课堂互动时使用的媒介是语言以及其他可以进行信息传递的载体。了解了互动过程中包含的四部分对象，我们再来概括性地了解一下这四个互动环节重要组成部分在互动式教学中占据的地位。发生在教育主体间的知识互动是互动环节中最关键的部分，如果发生在教育主体间的知识互动是高效且有价值的，那么体育课堂的互动效果就很容易满足人们对体育课堂的期待，反之，如果发生在课堂教育主体间的交流是低效的，那么体育课堂的互动效果势必难以满足人们的期待。而互动信息内容和互动媒体也会在一定程度上影响人们的互动效果，在这种情况下，人们在构建体育课堂互动环节时必须合理搭配教育主体、教育内容、教育媒介等教育元素之间的关系，使它们能够相互促进、相互配合最终实现 $1+1+1+1>4$。总而言之，体育课堂的互动过程就是在互动过程中担任信息传递者的教育主体利用可利用的信息传递媒介将信息传递给信息的接收者，而后信息接受者利用信息传递媒介将自己接受到接受者传递的信息后做出的反应传递给信息源。刺激在信息传递过程中充当信息源的教育主体再次进行信息传递并调整自己传递的信息以及传递信息的方式，从而获得更佳的信息传递方式。需要强调的是，与传统体育课堂中的互动环节相比，互动式体育课堂的互动结构更为复杂，其复杂之处在于信息传递者为保证信息的顺利传递会给信息进行编码处理。而信息接受者会根据自己对于知识的需要对信息传递者传递出来的信息进行适当的编译及重组和理解。这两个有别于普通中学体育课堂互动行为的举动对于学生们的全面发展极为有利。了解了互动式中学体育课堂与普通中学体育课堂之间的区别，我们再来深入了解一下互动式中学体育课堂的组成成分。首先来了解一下互动式中学体育课堂的信源。正如我们所知道的那样，在互动式的中学体育互动课堂中，教育的主体老师与学生都有可能成为互动课堂的信息传递者，但是从客观的角度看，课堂上的大量知识性信息都是由老师传输给学生的，换言之，师生互动是教师完成教学目标时使用的主要互动环节，学生与学生之间的互动仅仅是师生交流的辅助交流环节。这也就意味着，在中学体育互动课堂上承担着信源责任的人主要是老师，而作为中学体育互动课堂上的信源教师们主要需要做到以下几点：第一，深入了解学生的情况，包括学生的理解能力、运动能力、学生的心态、以及不同学生之间存在的不同。第二，根据自己分析调查的结果将教材中的内容进行适当的转化使其变成学生们可以接受的知识性信息，然后再根据这些从表现形式上来看可以被学生们所接受的信息，设计出同时具备可行性与科学性的互动环节。第三，在互动环节平等地对待表现较好和表现较差的学生，使得学生们能够卸下课堂给自己带来的心理包袱，以饱满的热情和专注的态度积极投入到课堂互动中去并从中获益。第四，在互动教学实践开始之前做好面对突发情况的准备，在原定的互动环节没有办法顺利实施的情况下，及时采取互动方案保证信息传递环节的顺利进行。

了解了在中学课堂上承担信息传递责任的教育主体以及互动型信息传递过程对他们提出的要求，我们再来了解一下在中学体育互动环节中承担信息接受责任的主体以及信息传递环节对信息接受者们提出的要求。从理论上看，老师和学生都有资格成为互动体育课堂上的信息接受者，但是课堂天然赋予了教师传递知识相关的权利和义务，因此在实践当中学生是最主要的信息接受者。在中学体育互动课堂上，作为信息接受者的学生必须积极主动地承担两项特定的责任才能确保中学体育互动教学课堂的有效性。这两项特定的责任包括：第一，将老师通过特殊渠道传递出来的信息进行适当的重构和解读，确保这些信息能从被传递的信息转变为自己能够理解接受的信息。第二，在吸收老师传递出来的信息后将自己因接受这些信息而产生的反应及时地利用语言或者非语言传递给老师，从而开启新一轮的知识讲解、传递活动。

了解了在中学体育互动过程中充当信息传递主体的教师与学生在中学体育互动环节扮演的角色以及承担的义务，我们再来了解一下什么是中学体育互动课堂的教学内容以及中学体育互动课堂对教学内容提出的具体要求。正如上文所言，在中学体育互动课堂上充当教学内容的不只包括运动技巧、运动理论等具象化的知识，还包括教师们的价值观念、理论等抽象化知识。互动式中学体育课程对这些由抽象知识和具象化知识共同构成的教学内容提出了以下要求。第一，所有教学内容必须符合学生的认知水平以及个体差异性对教学内容的要求，不能让学生们产生枯燥乏味之感。第二，学生们的全面发展要求教学内容中不光要包含与体育运动相关的理论知识和技巧，还要包含与学生们的心理状态和社会生存能力相关的内容，进而充分发挥互动式体育课程对学生综合发展的积极作用。

了解了中学体育互动课程的信源、信宿以及课堂内容，我们再来了解一下中学体育互动课堂在信号方面的特殊性。正如我们所了解的那样，中学体育课与其他课程最大的区别就在于在中学体育课上，可供教师和学生使用的信息载体不只有言语还有其他很多非言语的信息载体。也就是说在实际的信息传递过程中，人们不光可以使用包括口令、指导在内的多种言语信息载体来传递需要传递的信息，还可以利用手势和面部表情等非语言内容来传递自己希望传递的信息，在实际的教学实践中教师们应根据具体的互动情境来选择最为合适的信息传递符号。举例来说，如果教师与学生在中学体育课上进行的互动是老师向学生讲解本节课的课程安排，则教师与学生更适合用语言来实现信息传递。如果教师与学生在中学体育课上进行的互动是老师对正在参与足球训练的学生进行指导并试图通过指导来优化学生们在课堂上的表现，则教师们应当使用手势来传递自己希望传递的信息，以免学生们因为运动时嘈杂的声音和漏听或误听自己希望了解的信息。

中学体育课堂的有效互动是由师生互动和生生互动共同构成的，但是根据互动人数的差异，我们可以对师生互动和生生互动展开更进一步的划分。具体来说，师生互动实际上是由老师与自己的互动（教学反思）、老师与其他老师的互动（教学研讨）、老师和班级中所有学生的互动、老师和班级中某一个或某几个学生的互动构成的。生生互动则是由学生与自身的互动（反思）、学生与班级内学习小组的互动、学生与整个班级中的所有其他个体进行的互动，以及发生在班级内各个学习小组间的互动。这主要是从参与互动的对象对师生互动和生生互动展开研究与分析。而从互动时互动双方的关系来看，互动主要可以分成三类即合作型互动、对抗性互动、既包含竞争又包含合作的互动。这些互动关系无论从哪个角度看都有自己各自的特点，但无论人们是以哪一种方式参与互动，保证信息传递者和信息接受者信息传递过程的有效性都是教师们面临的一项重要任务。而以此为依据，我们可以将师生之间的信息传递过程划分为双向沟通模式和多向互动沟通模式两种。研究表明，当师生之间、生生之间的互动模式发生变化时，互动给学生们造成的心理影响也会随之而改变。故而我们有必要对双向沟通模式和多向沟通模式的特征进行一个适当的分析。与其他沟通方式相比，双向沟通模式的特异之处表现在身为信息源的学生或教师不是将班级中特定的某一个或某几个教师作为自己的信息接受对象，而是将班级中除去自己以外的所有课堂主体都当成信息接受对象，也正是因为这个缘故，不管是老师还是学生都可以轮流充当信息的传递者和接受者，这对体育教师因材施教帮助学生们掌握运动技能具有非同一般的重要意义。需要强调的是，与其他的交流方式相比双向沟通这种互动交流模式中既包含优点又包含缺点，其优点表现在教师能通过学生们的课堂表现了解他们的学习情况，及时对学生们进行查漏补缺；在可利用时间不变的情况下，教师们完全使用双向沟通方式向学生们传递信息，可以提高学生们的信息传递总量。其缺点则表现在以下两个方面：第一，这种双向沟通模式使得师生之间的互动成了中学体育课堂互动的主要方式，学生们与同学展开互动的可利用时间较少且学生们对此类互动缺乏应有的重视，使得学生们在需要彼此配合的互动中缺乏应有的默契和凝聚力。第二，由于师生交流的方式与同学之间相互交流的方式存在着很大的差异，因此习惯于在课堂上与老师进行交流的学生在某种程度上缺乏与同龄人进行配合的能力，这对于学生们社会适应能力的提高会产生一定的不利影响。

课堂有效互动实际上是由师生之间的双向互动模式与生生之间的双向互动模式共同打造而成的课堂互动模式，在这种课堂互动模式中不但师生可以进行双向的交流，学生与学生也能进行深入且透彻的交流。这种同时具备师生互动和生生互动的互动系统要比双向互动模式更加适合学生们的发展。因此在构建互动式中学体育课堂的过程中我们有必要对互动式体育课堂的沟通方式进行了解。与在传统教育理念下构建起来的体育教学课堂相比，互动式体育课堂的开放性更加明显：而这种明显的开放性特征使得多项沟通具备以下几个特点：第一，在开放式体育课堂上，可供学生们利用的互动空间远远超过一般体育课堂为学生们提供的空间。第二，学生们在开放式的体育课堂上享有更大的自主权利，这有利于他们将某一种体育运动培养成他们独有的爱好。第三，参与开放式体育课堂的成员不像一般体育课堂那么固定，学生们可以根据自己的实际情况决定自己是否需要参与开放式体育课堂中的特定互动。除此之外，这种多向互动模式使得学生和老师能以更加惬意自然的状态相处，对他们构建和睦温馨的师生关系是十分有利的。因此在实际的教学过程中，教师们更乐于使用这种多向沟通方式来完成可以完成的互动目标，需要强调的是，与双向沟通相比，多向沟通要求体育教师具备更高的教育能力和教育水平，低水平的教师往往无法游刃有余地操控多向沟通，因此如果担任中学体育教师的是一个缺乏执教经验的新老师，那么他应该首先使用双向沟通法来实现课堂互动目标，在双向互动中积累出一定的经验后再使用多向沟通这一重要方式来达成需要自己达成的课堂目标。

总而言之，不管是多向沟通方式还是双向沟通方式都是有利有弊的，体育教师们必须根据自己的实际情况来选择合适的沟通互动方式才能确保体育课堂有效互动的实现。

第三节　中学体育课堂有效互动的价值

体育课堂有效互动的价值就是其对中学生们产生的积极影响，这种影响体现在学生的心智、运动水平、身体素质等众多方面。需要强调的是，中学生体育课堂之所以能够成为一种有价值的存在形式，是因为中学生体育课堂具有一定的特异性，而中学生们的综合发展离不开这些特异性内容的帮助。中学体育课堂实现其价值的过程就是利用自身特异性满足中学生个体需要的过程。根据客体所表现出来的价值的差异，我国学者将客观物质所包含的属性划分成自然属性层、社会功能层以及文化意蕴层三种。这三种不同的属性充分反映了客观物质展现自身价值的程度，以此理论为依据我们可以从中学体育课堂的自然属性、社会功能和文化意蕴三个层面对中学体育课堂具有的价值进行深入的研究与分析。

一、自然属性层

正如我们所强调的那样，每一个客观事物内部都包含有多种多样的矛盾，而这些矛盾在很大程度上决定了事物的属性，因此事物的属性从来都不是单一而是多种多样的，而事物的属性在很大程度上决定了事物的价值。在这种情况下人们要想明确互动式体育课堂所具有的价值就必须明确互动式体育课堂所具有的独特属性，而互动式体育课堂的有效互动主要表现在以下几个方面：第一，互动课堂有利于学生掌握运动技能和与运动相关的一系列知识，换言之互动课堂对于满足学生综合发展对运动技能和运动知识的要求具有非常重要的现实意义。这是互动式体育课堂所具有的最关键的价值。第二，体育互动课堂对激发学生们参与体育运动的热情，帮助他们养成良好的作息习惯是极为有利的，这也是互动式体育课堂所具有的一项重要价值。第三，身体运动贯穿学生们在体育课堂开展师生互动的全过程，也正是因为这个缘故，互动式体育课堂对于帮助学生锻造强健的体魄这是其他课堂所不具备的一项重要价值。总而言之，中学体育互动课堂的价值主要体现在满足学生们对运动技能和运动知识的需求、帮助学生们养成良好的体育运动习惯以及强健中学生的体魄，是互动式中学体育课堂所具有的重要价值。需要强调的是，正如我们所了解的那样，事物是由主要矛盾和次要矛盾、矛盾的主要方面和矛盾的次要方面共同构成的，而对事物产生较大影响的是主要矛盾，这才是决定矛盾的主要因素，这一规律也体现在中学体育课堂价值的发挥上，具体来说，使得学生们能够获得足够的体育运动知识和体育运动技能是中学体育课堂最主要也最关键的价值，而中学体育课堂所具备的其他价值如帮助学生们培养出健康积极的体育爱好。强健学生们的体魄只是中学体育课堂所具有的非主要价值，在这种情况下，教师们必须将更多的精力放在中学体育课堂教学观念的实现上，避免因为主次不分使中学体育课堂对学生发展产生的积极作用没有办法得到充分的发挥。

二、社会功能层

社会功能层的价值是事物所具有的一项根本价值，要了解中学体育课堂所具有的社会功能究竟有哪些，我们必须先了解功能与价值之间的相同点和不同点。事实上，属性和功能都是事物的重要构成部分，尽管它们并不存在什么具象化的表现形式，但他们均以实物为载体，换言之无论是价值还是功能都无法脱离具有具象化形体的实物而独自存在，这是两者最主要的共同点。而功能和属性最大的区别在于属性可以通过外在载体被人们察觉。功能则缺乏具象化的外在表现，需要人们在接触、应用事物的过程中，慢慢地探索发掘，这是两者最大的不同之处，需要强调的是，尽管属性和功能都是事物不可或缺的组成部分，但是事物功能的重要性远远胜过事物属性的重要性，今天人们开展的关于事物价值的探索，实际上探索的就是事物的功能在具体的社会实践场景中的应用。

需要强调的是，传统的体育教学观念将身体运动和精神运动看成是两个独立的、互不影响的个体，仅注重体育课堂属性价值的发挥，不注重体育课堂所具有的、帮助学生塑造正确社会价值观念的作用。这对体育课堂综合性价值的发挥将产生十分不利的影响，而互动式的中学体育课堂教学理念强调体育课堂综合作用的发挥，引导中学体育教师在教育的过程中通过设置相应的互动情节等举动充分发挥中学体育课堂在提升学生社会能力、帮助学生养成良好乐观心态这两个方面的重要作用。这是互动式体育课堂获得教育界看重的重要原因。

了解了互动式体育课堂在理论方面的优势，我们再来了解一下互动式中学体育课堂的设计者通过教学实践助力学生综合提升的关键点，正如我们所知道的那样，科学客观的理论指导对于事情的发展成功具有非常重要的现实意义。但是如果空有精妙的理论却没有实际的行动，那么就只能是纸上谈兵与事实毫无益处。因此，要真正了解互动式体育价值观念的积极作用，我们必须首先了解当前以实体形势存在的中学互动体育课堂所具有的优势，这些优势主要包括以下几种：第一，互动式体育课堂中的师生氛围是民主且和乐的。在讲课的过程中，教师会使用各种各样的激励手段，让学生们都能够摆脱所谓标准答案的束缚，大胆地说出自己对问题的看法，并逐渐培养出开创性的思维和具有开创性的视野。当学生们在学习过程中陷入困境时，互动式体育课堂的教师不会像喂饭一样将知识一点一点地塞到学生们嘴里，而是会利用手势、言语等信息载体对困境中的学生进行适当的引导或提示，这对于学生们养成独立解决问题的习惯具有非常重要的现实意义。第二，在互动式中学体育课堂上，学生和教师之间的互动大多以游戏或者竞赛的方式进行，而这两种互动形式对于缓解繁重课业给学生们造成的心理压力和疲劳感能够产生非常积极的影响，这也就意味着互动式中学体育课堂对提高学生们的学习效率是十分有利的。除此之外，在互动式体育课堂上，学生们得以接触的游戏式运动是多种多样的，而其中总有些运动是学生们擅长且喜爱的，参与这些体育互动并取得一定的好成绩，能够帮助那些在文化课考试中表现不佳的学生疏散胸中的郁气，重塑自己的信心，从而以更加阳光积极的心态面对未来可能遇到的种种挑战。这不仅能让他们学业有成，还能让他们笑对漫长的人生路。

任何学生都是社会中的一员，没有任何人能脱离社会而独自生存，因此社会适应能力是中学生必须具备的一项重要能力，而事实已经证明，互动式中学体育课对学生们提高自身的社会适应能力能产生非常积极的影响，这种积极影响主要体现在以下三个方面：第一，顾名思义，互动是由两个或多个学生共同完成的一项活动，而参与互动的学生足可以构成一个小型的社会团体，这个社会团队会以既定目标为依据进行活动，在此过程中他们既会为了实现共同目标而携手同行，也会为了成为团体中的领头人物而光明正大地展开比拼，这对于他们形成竞争意识与合作意识快速融入当前这个无处不需要合作、无处没有竞争的社会是非常有利的。第二，没有规矩不成方圆，在中学体育课堂上，教师会适当地为学生们讲述与体育活动相关的道德规范并凭借井然有序的奖罚制度使得学生们养成遵守道德规范的自觉性，这对他们日后平衡自身欲念与社会规约之间的关系，成为能被社会所容纳的栋梁可产生非常积极的影响。第三，实际上传统体育课堂中同样包含着许多师生间的互动，然而这些互动皆由任课老师主导控制，学生们仅能在互动中充当一个被动参与者的角色，因此在传统体育课上有很多学生在师生互动、生生互动环节置身事外浪费辰光，理所当然的，在这种情况下他们没有办法通过互动有所进益。而在互动式体育课堂上，学生不仅仅是师生互动的参与者，还和体育老师一样需要全身心地投入到互动当中去，掌控互动形势的变化和转折。这对学生们学会对自己的行为负责为团队举措负责具有非常重要的现实意义，对他们日后的成长非常重要。

总而言之，互动式体育课堂说起来共有三个社会价值，这三个社会价值主要体现在：第一，帮助学生们锻造积极阳光的心态。第二，能够提升学生们的社会适应能力，让他们既有独自乘风破浪的勇气和思维又有与其他人相扶相持攻克难题的能力和格局，凭借对规则的敬畏和对责任的清醒认知获得社会的认可。第三，构建互动式课堂的体育教师在教授学生们知识时，大多是以引导为主，这对学生们练就创造性思维，成为社会所需要的创新型人才具有非常重要的现实意义。需要强调的是，尽管互动式课堂所具有的三种社会价值实际上有很大的区别，但这三种社会价值实际上是会相互影响的，有些时候这三种社会价值会彼此促进，而在某些时刻这三种社会价值会相互抑制、相互干扰。究竟两者会如何配合通常取决于教师们对于中学互动式体育课价值的取舍。因此身为互动式体育课堂的授课老师，相关人员必须根据学生不同的发展阶段有侧重地设置互动环节从而确保相应社会价值的发展。

三、互动式中学课堂所具有的文化价值

多年的调查研究结果已经证实，互动式的中学体育课堂非但具有社会价值和一定的自然属性，还具有不可忽视的文化价值。此类价值实际上指的是人们从一件事情或一件事物当中品味出的人生哲理，需要强调的是，一千个读者便有一千个哈姆雷特，虽然经历的是同一件事，但人们经此事后获得的人生感悟却迥然相异，故此当人们遇到一些知识性的问题时可以主动求教于他人但涉及心得体会绝不可随意采摘他人之果，否则仅是纸上谈兵，难得真意，更难得使其成为自己人生的养料。这也是互动式中学课堂所具有的重要文化价值之一。

了解了互动式中学体育课堂文化价值所具有的特性，我们再来了解一下，现阶段，体育课堂文化价值的利用发挥情况。相信大家都知道，作为事物的一种凡是体育课堂都包含着值得人们细细品味的文化价值，但是在

传统价值观念影响下传道授业的中学体育教师过分注重体育课堂所具有的功能价值和工具价值。对于体育课堂内涵的品味分析，也被限制在体育功能论和体育工具论当中，譬如一叶障目，故此这许多年来，传统体育课堂所具有的文化价值始终没有得到充分的发挥。而有效互动课堂不只关注中学体育课堂所具有的功能价值，还注重体育课堂对于塑造学生人格、保证学生良好心态、促进学生多样化发展的重要性，而体育教师利用互动式体育课堂帮助学生塑造健全人格、打造良好心态、实现其多样化发展的方式便是通过引导让学生品悟互动式体育课堂中蕴含的文化价值。也是因为这个缘故，中学体育互动课堂的文化价值远远胜过普通的体育课堂。

总而言之，中学体育课堂具有固有属性、社会价值和文化价值，中学体育教师要想让互动式中学体育课程成为提高人们综合实力的有效助力就必须保证固有属性、社会价值和文化价值的有效发挥。需要强调的是尽管中学体育课堂的固有属性、社会价值和文化价值均有很大的不同，但是每一种价值并不是毫无关联的，具体来说，中学体育课堂的各项价值都是通过其拥有的固有属性被人们所了解的。而社会价值在互动式中学体育课堂的价值构建中起着非常明显的桥梁作用，换言之，如果没有社会价值则中学体育课堂的固有价值和文化价值就会因连接断裂和无法衔接。而文化意蕴是支撑中学体育课堂固有属性和社会属性的重要依据。构建互动式中学体育课堂的教师要想真正发挥中学体育互动课堂在学生综合发展过程中的重要性就必须把握好这三种价值的内在关系，确保三者之间能够相互促进。

第五章 互动型中学体育教育
评价体系简述

实践已经证明，好的教育评价体系能够充分反映互动教学模式中存在的各种问题，从而帮助教师们改进自身构建出来的互动教学体系，因此构建一个切实可行的教学评价体系是中学教师们推行互动教学模式的关键。需要强调的是，要想让教学评价模式真正发挥出自身的作用，教师们必须保证评级体系中包含的所有指标都是可量化的、全面的、能够反映实际教学情况的指标，而这需要互动评价模式的相关负责人从多个方面对教学体系涉及的内容进行分析和研究。

第一节 互动型中学体育课堂评价体系的构建

评价体系是一个教学体系中不可或缺的重要存在体系，该存在体系对于教师们优化中学课堂互动教学模式，更好地发挥其效果具有非常重要的现实意义。因此在践行互动教学模式的过程中，中学体育教师必须以中学体育课堂为中心、严格按照构建互动教学模式所要求的原则来构建互动中学体育课堂的评价体系，并确保自己选定的互动教学模式评价标准能够全面准确地反映互动教学模式的方方面面，从而确保互动教学模式的实用性。

所谓评价体系实际上就是与被评价对象相关的、涉及多个角度与多个领域的评价指标构建出来的评价体系。围绕中学体育互动课堂设计出一个具有科学依据的评价体系对于中学体育互动课堂的构建和调整具有非常重要的现实意义，因此围绕中学体育互动课堂构建评价体系是中学体育教师及相关负责人必须完成的一项重要任务，而要构建出真正具有科学性和指导意义的评价体系相关人员必须遵循一定的设计原则，否则就难免会陷入事倍功半的境地，因此笔者将着重为大家介绍设计中学体育互动课堂时需要遵循的一系列设计原则。这些设计原则包括：

第一，科学性原则。正如我们所知道的那样，只有科学的、经得起时间与实践双重考验的评价体系才能真正对教师们构建、应用中学体育课堂产生正向的指导作用。因此保证评价体系的科学性是相关人员设计中学体育互动课堂评价体系时需要遵循的首要原则。需要强调的是，针对不同对象构建的评价体系都有其特殊性，且不同评价体系对科学性的具体要求也有一定的不同，而围绕中学体育互动课堂构建起来的评价体系对科学性的要求体现在以下几个方面：第一，评价体系中涉及的评价标准必须具备一定的理论支撑。第二，该评价体系的流程经得起时间与实践的检验，只有切实做到这两点，人们才能说互动型中学体育课程的评价体系具备一定的科学性。

第二，保证互动式中学体育课堂评价体系的独立性。正如我们所知道的那样，由于互动式中学体育课堂中包含的所有评价指标都与中学体育互动课堂这个评价对象相关，因此每一个评论体系的评价指标都或多或少的具备一定的联系，也正是因为这个缘故，许多人在选取中学体育互动课堂评价标准时常常会将一些在内容上相似的评价标准同时列入中学体育互动课堂的评价标准，不曾对其进行仔细甄别，而事实已经证明，包含许多相似内容的评价体系，不但没有办法向人们所需要的那样，对已经构建完成的互动式中学体育课堂进行全面的评价，还会浪费评价者的时间和精力，使他们没有办法围绕互动式中学体育课堂对需要处理的内容进行深入的分析评价。因此在构建以互动式中学体育课堂为对象的评级体系时相关人员必须保证互动式中学体育课堂评价体系的相对独立性。

第三，保证应用在评价体系中的评价标准能涵盖中学体育互动课堂的每一个流程与环节。正如我们所知道的那样，互动式中学体育课堂涉及的内容有很多，假如评价体系仅能反应其中包含的某一部分内容是否能达到中学体育课堂的要求，那么我们就不能使用该评价体系判断已经构建好的、被当成评级对象的中学体育课堂互动模式是否真的具有可行性和科学性，故此全面性是人们设计互动式中学体育课堂评价体系的一个重要原则。

要构建一个能够反映互动式中学体育课堂科学性与客观性的评价体系，我们必须保证评价体系能够涵盖中学体育课堂的各个方面，而一个完整的互动式中学课堂体系往往涉及多个方面，在这种情况下，互动式中学体育课堂涉及的课堂评价指标往往是大量且冗杂的，不但如此，有些指标例如互动式课堂给参与中学生的心理健康造成的变化始终是抽象的、无法量化的。如果在设置互动式中学体育课堂评价体系时相关人员照搬这些评价标准，则评价体系的使用者很难获得真正具有实际参考价值的评价指标，而评级体系也无法逃脱沦为形式与花架子的命运，故此在构建互动式中学体育课堂的评级体系时相关人员必须秉持可操作原则，将原本冗杂的评价标准进行分类而后再将那些原本抽象模糊的内容直接转化成具有明确指标的具象化原则。从而确保互动式中学体育课堂的实用性和可操作性。

不同的课程对课程设置以及课程评价的要求有很大的不同，自然而言的，体育课对评价体系的要求也有很大的不同，在设计互动式中学体育课堂的评价体系时，相关人员必须确保自己设置的评级体系能够展现出体育课堂所独有的特色才能切实成为反映互动式体育课堂优劣的有效评价依据。

所谓的综合评价实际上是由定量评价和定性评价共同组成的，两者互有优劣，前者的优点主要体现在其能够客观准确地评价需要评价的对象，但是正如前文所说的那样，部分抽象的被评价内容是无法量化的，换言之，定量评价这种评价方式并不能适用于所有的待评价内容，这便是定量评价的明显不足之处。后者的优势之处在于能够由表及里充分为人们披露

75

事物的本质，其缺点则是不够客观带有非常明显的主观色彩。显而易见定量评价和定性评价是可以相互补充、相互弥补的两种评价方式。而互动式中学体育课堂中既包含有具象化的评价指标又保含有抽象化的评价指标，如果评价体系的应用者仅使用定量评价与定性评价中的一种，那么就没有办法确保评价结果能够反映出互动式体育课堂的真实情况，因此在设立互动式中学体育课堂评价体系时相关人员必须结合使用定量评价与定性评价这两种评价方式，避免评价结果失去其借鉴意义。

在选择评价指标时，相关人员必须保证评价指标的代表性。正如我们所知道的那样，能够反映某一个问题的指标是多种多样的，但是不同指标对同一种现象的反映情况有很大的不同，正是因为这个缘故，在构建互动式中学体育课堂时相关人员必须在众多可以反映同一评价标准的指标中选择一个最能反映待评价内容情况的评价指标，从而确保评价内容的准确性。

第二节　互动式中学体育课堂评价指标的科学选择方式探究

选择恰当的互动式中学体育课堂评价指标是构建科学可行的互动式中学体育课堂评价指标的关键，如果没有合理的，能反映客观事物实际情况的内容作为人们依仗的评价指标，则人们围绕互动式中学体育课堂构建起来的评价体系始终是不客观的，这也就意味着评价指标的选择非常重要，然而如果人们没有掌握恰当的评价指标选择方式则很难选择出恰当的评价指标，故此笔者将着重对选择互动式中学体育课堂的互动指标时可以使用的有效方式进行适当的分析，希望能借此对大家有所助益。需要强调的是，现阶段可供评价指标的选择者使用的评价指标选择方法主要包括经验选择法、专家咨询法等众多的评价指标选择方法，而在现阶段最具有现实意义的指标选择方式主要包括经验选择法和德尔菲法两种方法，因此笔者将着重对这两种应用范围比较广泛的评价指标选择法进行适当的讲解与分析。

我们首先来了解一下经验选择法这一重要方法。所谓的经验选择法实际上是指利用分析法和综合法对与待评价目标相关的内容进行分析的一个重要方法。该分析方法的独特之处在于他能使用合理的方法将需要分析的较大的分析目标拆分成数个比较小的分析目标从而确保分析的准确和细致。除了经验选择法这一重要的方法外，德尔菲法也是一个重要的、可供人们进行评价指标选择的分析方法，这种方法与经验分析法的不同主要表现在两个方面，一方面使用这个方法对评价指标进行筛选的都是与被筛选内容相关的专家，但是这些专家会在不同的场所完成评价指标筛选这一重要工作，在此期间双方既不会见面也不会有所交流。第二，在选择评价指标的过程中，没有任何人有资格一锤定音，只有被所有专家一致认同的评价指标才会被真正应用到中学体育课堂评价体系当中，这最大限度地缩减了人们的主观意识对评价标准的不利影响。

第六章　互动教学模式在不同的中学体育课程中的应用

虽然学生们在体育课上接触的各项运动都有属于体育运动的个性，但是他们也有属于自己的特殊性，正是因为这个缘故，教师们在传授不同的体育内容时，使用的师生互动方式及具体策略也应当有所不同，否则互动教学模式所拥有的实际价值就会大打折扣。

第一节　自主互动教学模式在健美操教学中的构建

现阶段，将教育从应试教育转变为素质教育已经成为大势所趋，而在这一"大势"的影响下，选择新的教学模式从而确保对学生实施素质教育这一教育目标的完成已经成为必行之举，而相关的调查资料显示互动教学模式对于教育从应试教育到素质教育的转变能够起到非常明显的促进作用。正是因为这个缘故，不少中学体育教师在开设健美操教学时也使用了互动式教学法，不过由于这是一种新的尝试，因此到目前为止这种围绕中学健美操教育开展的互动式教学尚不够成熟，并未能达到非常理想的效果，有鉴于此，笔者以个人浅见对互动教学模式在中学健美操中的应用提供了一定的建议，希望能对大家提供些许助益。

一、在中学健美操教育过程中使用互动式教学法的优势

第一，互动式教学将班级内学习健美操的学生分成了若干个学习小组，这些学习小组非但能在课上积极参与教师们组织的学习活动，还能在

课下也组织起来完成需要自己完成的学习任务，这有助于他们充分利用非学习时间来完成需要自己完成的学习任务。

第二，俗话说得好，纸上得来终觉浅，绝知此事要躬行。不管教师们在课堂上怎样强调合作的重要性，未曾感受到其中妙处的学生们仍然更倾向于单打独斗，而互动式教学法能让学生们在学习的过程中自发地联系在一起，从而真正见识到合作学习的重要性，这对提高健美操学习效率是十分有利的。

第三，按照常规的互动教学模式对教学过程的安排，在学习小组完成自己的健美操展示之后，教师们会让其他小组的学生担任该小组的健美操评判员，这不仅有利于学生们清楚客观地认识自己的健美操水平，还对学生们表达能力的提高具有非常重要的现实意义，这些都是传统教学方式无法实现的优点，故而在传授健美操的过程中应用互动式教学法已然成为大势所趋。

事实上，要确保互动教学模式在中学健美操教育中发挥出自己应有的价值，教师们必须做到以下四点：

第一，准备阶段。不管使用任何教学模式来完成教学任务，教师都应该在教学正式开始之前，做出充分的教学准备，只不过由于使用的教学模式和教学内容不同，教师们在课程开始之前需要完成的准备工作也有很大的不同。具体到中学互动式健美操教学上，教师们要完成的教学准备包括以下几点：首先，在正式上课之前，将与健美操学习有关的音视频资料和图片文件资料都发给学生，使他们能在课程开始之前对要学习的健美操有一个基本的了解。其次，用一节或者是两节课的时间带领大家做一些与健美操相关的基本动作，其目的是了解学生们的身体情况与健美操这项运动的契合度，以及学生们在身体素质方面的优势以及短板，以便在教学过程中可以制订更具针对性的教学方案。根据学生们做健美操基本动作时表现出来的能力和水平对学生们进行分组，并从每一组中选择出一个队长也就是站在队伍最前面带领大家完成健美操任务的人，而后让他们自行探究拆分需要解决的学习任务，从而让学生真正成为课堂的主体。需要强调的是，每队健美操的领队都不应该是固定的，教师应该每隔一段时间就从已经分好的健美操学习小组中选出新的、在学习过程中表现优异的队员作为新的健美操领队，因为这样做可以让有强烈荣誉心及表现欲的同学自觉参与到健美运动中来，从而提升自己的健美操水平。这不光有利于单个同学健美操水平的提高，还能在整个班级内形成良好的学习健美操的氛围。只要教师们能在健美操运动刚刚成为教学内容时，做到以上几点我们就可以说他们已经完成了健美操互动教学第一阶段的工作。

第二，逐步成熟阶段。正如我们所知道的那样，经过一段时间的健美操学习之后，学生们必然会对自己的学习的东西有一个基本的了解，面对老师们提出的问题。他们不再是一无所知的小白，而是有能力靠自己的知识储备去寻找答案或达成要求的准备者。因此在这个阶段教师要做的是在基本知识讲授完毕后，为学生们提出一些可用他们的知识解答但是需要不断探索的问题，让他们自行去寻找答案或者是完善自己的动作，这样的举动不但能够帮助学生们养成自主探索的习惯，还能帮助他们逐渐养成与他人合作解决问题的习惯，这不只有利于他们提高健美操学习效率，还能让他们以后形成更为良好的生存学习习惯。需要强调的是，并不是所有人都能在集体性的健美操学习过程中成长为佼佼者，总有一些同学因为自身身体素质的原因在学习过程中表现得相对平庸甚至落后，对于这些在学习中相对落后的同学，教师们不能过分斥责也不能冷处理，最好的办法是根据他们自身的情况对他们进行针对性的指导，使他们的水平不至于与其他的同学们相差太远。只有做到这几步，学生们才能在学习健美操的过程中，养成良性竞争和友好合作的习惯，掌握互动学习的精髓。

第三，自主运行阶段。相关调查结果显示，在学习的第二阶段完成以后，即便没有教师们的强行要求学生们也会在学习健美操的过程中，自发地组队练习。而在学生们养成了自主互动的习惯并掌握了与之相关的经验后，体育教师们要做的就是给予他们更大限度的自主权限，让他们自行完成难度级别较高的健美操任务，并在一旁保持关注。进而使得学生们能够更好地掌握自己的学习内容。需要强调的是，学高者可为师，尽管互动式教学法强调学生们的自主学习和互动学习，但是老师不能忘却自己的指导人身份，在学生们自行组队完成健美操编排等相对高难度的任务时，将对表现相对而言不那么精彩的学生进行额外的指导，使他们的健美操水平能够保持在一个合格的水平。

第四个阶段就是巩固发展阶段，在这个阶段学生们的主要任务是给那些在健美操运动中表现得非常优异的学生们布置一些更高难度的、与健美操相关的任务，这么做的主要目的是将这些学生所具有的、和健美操相关的天赋真正发展为他们的特长及能力。除此之外，教师要不断对学生们在互动式健美操学习过程中遇到的问题进行总结分析，使得班级内的同学能够手拉着手一同进步，顺利完成中学教育阶段对学生健美操运动提出的要求。

第二节　线上线下互动教学模式在篮球教学中的应用

与传统的教学模式相比，充分利用互联网系统的互动式教学模式能够做到：第一，加深师生间的相互了解，缩短两者之间的距离。第二，针对每一个学生的不同特点进行针对性教学，使得学生的运动天赋能够得到充分的发挥。第三，让学生的学习时间变得更加灵活充足，这对于中学生体育教学效率的提高具有不可磨灭的现实意义。然而现阶段由于不少教授对线上课堂及互动教学模式的了解十分有限，因此不少中学体育教师仍没有发挥出互联网背景下互动教学模式在中学体育教学中的积极作用，因此笔者将以篮球运动为例，分析当前阶段中学体育教师实施线上线下联动的互动教学模式时遇到的问题以及解决的方法，希望能对中学生的篮球教育以及涉及其他运动的体育教育提供些许的帮助。

一、现阶段，中学体育教育利用互联网开展互动式学篮球教育必须解决的问题

第一，部分教师未能良好地运用线上教学平台。众所周知，虽然当前人们已经认识到了线上教育平台对教育发展的重要性，然而线上教学平台毕竟问世未久，在许多教师们的眼中尚属于陌生且有难度的一项教学工具。且在招聘教授的过程中，几乎没有学校将熟练运用网上教学平台作为招聘的硬性条件，大多数教师都是在正式入职之后才开始接触互动式教学平台，在这种情况下，不少体育教师在应用线上教学平台时频频出错，借助互联网构建起来的线上线下一体化篮球教学模式也无法充分发挥出自身的作用，这是中学体育教师开展线上线下联动式体育教学模式必须解决的一个重大难题。

第二，中学生不愿意使用互联网平台进行篮球知识的学习。互动教学效率与中学生学习的积极性密切相关，然而研究结果显示，当中学生们有机会接触到互联网时，他们大半会使用互联网来玩游戏，而对于利用互联网来学习篮球知识这件事，中学生们往往兴致缺缺，缺乏热情。这在很大程度上降低了互动式篮球教学的效率，是在篮球运动教育中使用互联网互动式教学的教师们必须解决的问题。

第三，高校缺乏对篮球线上教学的监管。尽管各中学已经认识到线上线下联动的互动教学模式对学生们篮球运动水平的提高是极为有利的，但是由于利用线上线下的双教学平台构建互动教学模式说到底仍是一件新鲜事物，所以各中学虽然鼓励教师与学生利用线上线下联动的互动教学模式来完成既定的篮球教育任务，却没有将之作为教学的硬性规定，自然也就没有围绕互动式篮球教育制定相应的教学体系考评标准，换言之，使用互动式教学模式进行的一众篮球教育缺乏纪律性、系统性和规范性，这对中

学篮球教育效率的提高是尤为不利的。

第四，中学没有建立完善的、以体育教育为核心的互联网授课平台。调查资料显示，现阶段，中学体育教师使用的篮球互动平台都是由他们自己筹备的，由于个人的时间精力有限，因此他们打造出来的信息平台不能够充分满足学生们对于汲取掌握更多篮球知识的要求。因此在互动教学模式中起到的作用也相对有限，因此我们说，学校没有根据中学生篮球体育教育的需要适当处理构建公用的篮球信息平台，也是影响其互动式教学效率的重要依据。

二、将线上线下教学模式运用于篮球教学中的具体策略，努力提升中学体育教师运动互联网平台的能力

（一）互联网平台的加入对于互动教学效果的提高能产生非常积极的影响

有计划有方向地提升中学体育教师们的互联网平台使用能力，是互动式中学体育教育对初中体育教师们提出的一个重要要求，这对提高初中篮球教育的效率具有非常重要的现实意义。需要强调的是，要想提高教师们构建线上篮球信息库的能力，相关人员可以采取以下两个措施，其一，适度地更改教师应聘条件或者要求教师们在正式进入岗位之前，自行学习互动式网上学习平台的构建技能，进而在真正开始教学的过程中妥善应用这一信息化平台。第二，通过工作岗位和工作时间的调动为中学体育老师安排出前往其他已经具备成熟线上互动教学模式的学校进行短暂的学习，使他们能够明确知道互动式互联网平台对体育教学的重要作用。

（二）充分挖掘并利用互联网中优质的篮球教学资源

互联网提供的信息多样且杂乱，有些互联网提供的篮球信息适合作为中学生们的教学材料，但有些互联网提供的内容并不适合作为中学生们的学习资料。正是因为这个缘故，教师在制作线上篮球信息平台的时候必须根据中学生的特点选择适当的内容作为篮球平台上的重要内容，如果他们并不具备这项能力，即使是互联网线上平台得以建成也没有办法向中学生所希望的那样，为他们的篮球学习提供重要的助力。需要强调的是，充分挖掘互联网中包含的有价值的篮球资源对于同时肩负着多项教学任务的体育老师而言还是过于沉重了，因此，在条件允许的情况下，学校可以和某些以盈利为目的的商业机构合作，请他们根据老师们所提供的信息进行篮球资料的归纳总结和整理。进而节省老师们花在此项工作任务上的时间。

1. 在学校内建立以互联网线上互动教学为对象的监督评价体系

当前已经初具规模的线上互动式篮球教学模式尚未能展现出良好教学效果的一个重要原因便是学校对互动式线上篮球教育平台的构建和应用没有做出硬性的指标，致使学生及教授在面对线上篮球互动平台时带有很大的随意性，因此制定以互动式线上篮球教学平台为对象的监督评价体系是必行之举，需要强调的是，监督的前提是参与，要想让针对线上互动式篮球教学平台的教学评价体系真正发挥其作用相关人员必须按步骤完成以下三步，第一，为教师们构建互动式线上篮球平台提供些许帮助。第二，将线上篮球平台的构建以及应用作为评价体育教师教学情况的重要依据，对其中表现十分优异者提供一定的奖励，从而激发他们构建互动式篮球教学平台的积极性和主动性。

2. 教师可以利用现有的互联网平台进行篮球资源的分享和讲解

现阶段微信平台和 QQ 平台都是发展得较为成熟的互联网社交软件，用这些软件来进行篮球资源的分享和讲解，不仅能确保资源的安全传输，还能降低学生及老师运用互联网平台进行知识传授和知识学习的难度，因此使用现在已经有且较为成熟的互联网交流平台进行篮球互联网资料的分享和讲解也是构建线上互动式篮球信息平台的一个重要举措。

第三节　互动教学模式在乒乓球教学中的应用

乒乓球运动是我国在奥运会上重要的夺金项目，国家对乒乓球人才的培养非常重视，故此，我国许多中学将乒乓球项目当成是中学体育课堂上一项必学的重要项目，希望能为国家培养出更多的乒乓球后备人才。然而在传统教学模式的影响下，学生们缺乏参与该项运动的兴致和热情，可以参与乒乓球竞技运动的人寥寥无几，在这种情况下，学术界和部分中学体育教师在传授学生乒乓球运动时也使用了互动式教学法，并取得了相当不错的教学效果，为了让更多的中学体育教师也能在传授乒乓球运动时制定出针对乒乓球运动的有效互动教学措施。笔者将着重介绍一下互动教学模式对初中乒乓球运动的有利影响以及互动教学模式对授课者的要求，希望能对大家有所助益。

一、互动教学模式对乒乓球教学的积极作用

（一）教学目标从抽象变成形象

尽管培养出更多的乒乓球人才是学校开设乒乓球运动的一个重要目标，但是在实际的教学过程中，这一教学目标通常会被笼统地表述为提高学生乒乓球运动能力以及综合素质。从教学实践的角度看，这一教学目标过于空泛，不能对教学实践的实施者提供强有力的指导。而互动式教学模式，在制定乒乓球教学目标时通常会根据学生们不同的乒乓球水平将目标进行分级，使得学习目标既能给学生带来一定的挑战性，又不至于让学生因为畏惧困难而退缩。这是使用互动教学模式提高初中生乒乓球水平的重要原因。

（二）互动教学模式能够提高乒乓球学习者的联想能力和思考能力，这对他们综合水平的提高具有非常重要的现实意义

相关的调查结果显示，在传统教学模式的影响下，教师们管用的教学

方式是将乒乓球运动涉及的大量姿势以及运动状态一五一十地演练出来，使得学生通过模仿掌握乒乓球运动的技能，不管是处在哪个阶段的乒乓球运动员都是通过这种方式训练出来的，事实上这种训练方式可以帮助乒乓球运动员打下基础，却不能帮助他们掌握更高端的乒乓球技术，而在互动教学过程中，教师们不仅会传授学生们基础的乒乓球运动，还会让学生们观看我国以及其他国家的乒乓球运动员在比赛的过程中使用的各种乒乓球技巧，而后让学生们思考这些运动员们为什么要在比赛过程中使用这些招式，这对于提高学生对乒乓球运动的招式以及学生的乒乓球运动能力具有非常重要的现实意义。

（三）学习兴趣由泯灭到激发

正如我们所知道的那样，学习兴趣对学生学习参与一项活动是极为重要的推动源泉。反之如果学生对某项运动缺乏兴趣，那么即使他们完成了强制性的体育训练也不会再在这项运动中消耗大量的时间和精力，更不会精益求精，而与传统的教学模式相比，以师生互动、生生互动为核心的互动教学模式更能激起学生们参与乒乓球运动的热情。这也是人们使用互动教学模式来教导学生们乒乓球运动的关键。

（四）互动教学模式对教师的促进作用

1. 互动促使教师教学观念创新

"互动创新"教学实际上是采取探索式教学方法，万事开头难，在开展互动式乒乓球教学的过程中，老师和学生都会面临一些意想不到的情况，面对这些困难，教师要站在学生的角度理解学生、关心学生，使得学生能表现出较强的学习热情。这是促进学生们乒乓球水平提高的关键。

2. 互动优化了教师的知识结构

在"互动创新"式教学模式中并非是否定教师在乒乓球选修课教学中的地位，相反，它对教师转换和优化知识结构提出了更高的要求。具体来说，互动教学模式要求教师们在讲述课本上的理论知识的同时，不断丰富自己的教学经验，并且根据自己在教学过程中遇到的实际困难积极寻求解决的办法，只有这样教师们启动的互动教学模式才能真正触及到乒乓球教学的关键，让学生们能够在新型教学模式的影响下获得更大的收获。

3. 互动诱发教学评价的创新

教师在与学生的互动过程中不仅要向学生们传授新的知识，还要在此过程中不断汲取新的知识。具体来说，在互动教学模式的影响下，有不少学生提出了从前教师们在授课的过程中没有遇到的关于乒乓球的问题，当遇到这种问题时教师们要调动自己的知识和教学经验与学生们一起探讨问题的解决办法，这样的举动非但能提高学生们的运动水准，还能够丰富教师们的教学经验。除此之外，正如我们所强调的那样，互动教学模式的顺利实施与学生的意见密切相关，因此当教师使用互动式教学法对学生的学习水平进行提高的时候。学生提出了新的问题，教师要结合实际教学和学生共同解决问题，在解决问题的过程中不断积累经验。

第四节　互动教学模式在羽毛球教学中的应用

一、中小学羽毛球教学现状

1. 缺乏硬件设施和软件设施

要想让羽毛球运动成为对中学生们的成长大有裨益的一项学习内容。完备的运动设施和高水平的体育教师是不可或缺的，然而一直以来，中学对羽毛球这项体育运动一直缺乏重视，因此大多数中学都没有为学生们配备足够的羽毛球设备。除此之外，中学招聘来的体育教师也都不具备向学生们传授羽毛球打法的经验，他们对羽毛球的掌握，基本上都来自于自己的自学。这对羽毛球教育在中学的开展实际上是十分不利的。

2. 课程设置不科学

现阶段，羽毛球尚未被教育部列入中学生体育考核的范畴内，在这种情况下，很多中学都没有设置羽毛球课，有些学校虽然将羽毛球写入了教学大纲，却没有留给学生们足够的学习时间，有些中学体育教师甚至干脆将应该学习羽毛球的时间当成是学生们自由活动的时间，毫无疑问这对羽毛球这项课程在中学的推广是极为不利的。

3. 考核标准不合格

调查显示，现阶段中学体育教师们用以考核学生羽毛球水平的标准过于僵化，而这种僵化的标准不足以带动学生们学习羽毛球的兴趣，这也是影响羽毛球教育效果的一项重要原因。

二、在中学体育课上应用互动式教学法的具体策略

（一）老师们要首先转变自己的认识，重视羽毛球这一球类运动对于青春期少年的身心成长的重要性

与学生们一起利用互联网提供的羽毛球训练资料来进行羽毛球训练，并在这一过程中积极拉近自己与学生们的距离，让学生们首先将自己当成一起训练一起学习的伙伴，其次再将自己当成老师，这种亲和力对于中学羽毛球教育的展开是十分重要的。

（二）学校的领导者应充分认识到体育教育的多样性对学生们运动能力提升的重要性

加大自身对于羽毛球运动的投入，避免想要学习羽毛球的学生们陷入没有运动场地没有羽毛球拍的窘境之中。

（三）制定与羽毛球这项运动高度吻合的运动评价指标

正如我们所知道的那样，每一项体育运动都有独属于自己的评判指标，但是现阶段中学体育教师在教导羽毛球时使用的评判指标并没有显现出羽毛球这项运动独有的特色，而这大大降低了羽毛球这项运动的专业性以及学生们深入学习研究这项体育运动的热情，故此深入了解羽毛球这项运动并使用竞技赛中使用的专业评判标准来评价学生们的表现对于提高他

们的运动热情、规范他们的运动动作实际上是极为有利的。举例来说，在打羽毛球的时候，不少曾在家中自己玩过羽毛球的学生会用不正确的苍蝇拍式乒乓法来参与该项活动，这对学生们乒乓球水平的提高显然是极为不利的，因此根据羽毛球这种运动的特殊性制定针对性的羽毛球运动评价体系，从而保证学生们运动的科学性和准确性，也是在羽毛球运动中应用互动教学模式的必行之事。

参考文献

[1] 姜广军. 中学体育课堂有效互动措施 [J]. 中华少年，2019：113 – 113.

[2] 梁洁晶，侯小孩. WSR 视角下构建中学体育课堂有效互动评价指标体系 [J]. 武术研究，2020：154 – 156.

[3] 王霞. 论体育教学对学生素质教育的重要性 [J]. 当代体育科技，2015：90 – 91.

[4] 周维红. 体育课堂中师生有效互动教学的策略研究 [J]. 考试周刊，2017.

[5] 何斌. 中学体育课堂有效互动的影响因素分析 [J]. 读与写，2018：184.

[6] 郑玉霞. 大学体育课堂中学生主体性的有效发挥 [J]. 文体用品与科技，2017.

[7] 黄东. 论主体性体育教学在体育课堂教学实施中的应用 [J]. 经济研究导刊，2015：153 – 154.

[8] 彭召春. 提升中学体育课堂有效互动的设计策略研究 [J]. 读与写（教育教学刊），2015：167.

[9] 梅皇琼. 体育教学中把握学生心理动态构建高效课堂的实践研究 [J]. 进展：教学与科研，2020：165 – 166.

[10] 蒙晓全. 有效体育教学评价指标体系的确立分析 [J]. 电子制作，2014：176.

[11] 葛卫东. 在反思中提升教育能力——体育课堂高效教学策略 [J].

陕西教育：教育，2014：31.

[12] 董志艳. 初中体育课堂教学评价对学生的正面影响 [J]. 教书育人：教师新概念，2017：56 – 56.

[13] 蒲彦霖，李丁. 初中生体育学习兴趣对体育课堂教学有效性的探究 [J]. 试题与研究：教学论坛，2019：0182 – 0182.

[14] 张啊宁，张平. 浅谈体育教学课堂有效性的保障措施 [J]. 体育世界（学术版），2012：58 – 59.

[15] 杨丽丹. 体育运动心理学在体育课堂教学中的有效探讨 [J]. 出国与就业（就业版），2012：150 + 153.

[16] 袁秀华. 体育课堂教学中激发学生学习主动性的有效方法 [J]. 天津教育，2012：55 – 55.

[17] 刘菲. 体育课堂有效互动的理论与实证探究 [J]. 读天下（综合），2019：105 – 105.

[18] 宋军，贾齐. 体育课堂教学中有效运用动作示范的策略分析 [J]. 中国学校体育，2012：47 – 48.

[19] 刘德全. 浅析互动性教学在中学体育课堂中的应用 [J]. 文理导航（下旬），2018（03）：51 + 57.

[20] 马妮. 中学体育课堂互动中非言语行为研究 [D]. 沈阳：沈阳体育学院，2015.

[21] 马艳红. 中学体育课堂互动失范行为的研究 [C] //2015 第十届全国体育科学大会论文摘要汇编（一）.[出版者不详]，2015：863 – 865.

[22] 梁洁晶，侯小孩. WSR 视角下构建中学体育课堂有效互动评价指标体系 [J]. 武术研究，2020，5（02）：154 – 156.

[23] 刘超，董翠香，田来，等. 基于中国健康体育课程模式的体育课堂教学行为评价指标体系构建 [J]. 天津体育学院学报，2021（4）.

[24] 刘岳江，王晓成，周新华，等. 中小学体育教育教学中实施心理健康教育模式的研究 [J]. 湘南学院学报.2012

［25］刘朝辉．合作与竞争教学模式在网球教学中的应用研究［J］．长春师范学院学报（自然科学版），2012，31（3）：156－159.

［26］郁华．中学体育与学生个性发展的协调性研究［J］．运动，2015（15）：104－105.

［27］王自清．学科融合视域下的中小学体育育德研究［D］．上海：上海师范大学，2018.

［28］马艳红，马妮．沈阳市中学体育教师对体育课堂互动行为认识的研究［J］．辽宁体育科技，2014，36（05）：105－108.

［29］陈士高．浅谈中学体育课堂的师生互动教学［J］．四川职业技术学院学报，2008（02）：100－101.

［30］向文娟．中学体育课堂互动行为的影响因素及促进策略研究［J］．课程教育研究，2014（35）：208－209.